T0348886

El HOGAR de la BRUJA

Jo Cauldrick

El HOGAR *de la* BRUJA

RITUALES Y MANUALIDADES
PARA LA PROTECCIÓN Y LA ARMONÍA

EDICIONES OBELISCO

ÍNDICE

INTRODUCCIÓN

*S*oy un alma creativa y amante de las manualidades desde que tengo uso de razón. El amor por la naturaleza y las manualidades nunca me ha abandonado. Mi abuela me enseñó mucho sobre la magia de los jardines y la Luna, y mi madre sobre las manualidades y a ser un espíritu libre. Después de tener a mis hijos, empecé a investigar prácticas espirituales más profundas, lo que llevó al nacimiento de mi negocio, The Moon Journal, en 2017.

No pasa un día sin que sueñe con hacer algo o sin que haga algo de verdad, ya sea en mi jardín o en mi apartamento. El acto de crear algo con mis manos encierra una gran magia y potencial.

Ahora, con el resurgimiento del misticismo y la brujería natural, mucha más gente enriquece su vida utilizando las poderosas propiedades de hierbas, plantas, flores y cristales. Los ciclos de las estaciones y la Luna se utilizan para encontrar el ritmo y la autorreflexión, y las prácticas espirituales nos ayudan a navegar por nuestras experiencias. El hogar se está convirtiendo en un lugar que refleja y amplifica la magia.

ACERCA DE ESTE LIBRO

Sumérgete en el mundo de las manualidades mágicas que
aportarán inspiración, relajación y armonía a tu hogar
y mejorarán tu práctica espiritual.

Tu casa es única para ti, es donde debes sentirte segura, protegida, feliz,
querida y libre para expresar tu creatividad.

Creo que el hogar es sensible y alberga su propia energía, recuerdos y deseos. El hogar funciona con una energía recíproca que fluye todo el tiempo.
Si te sientes estancada, infeliz o simplemente necesitas sacudir la energía, lo
más probable es que tu casa esté reteniendo esas energías negativas.

Este libro te ofrece manualidades y rituales prácticos que pueden cambiar
esa energía y atraer la abundancia a tu casa y a tu vida. Tu objetivo no es
una casa digna de Instagram, sino crear lugares sagrados que te ayuden
a sentirte renovada, a gusto, inspirada y contenta.

También comparto mi amor por los espacios de altar. Un espacio de altar
es una pequeña zona de tu casa que tiene un enfoque espiritual y, a menudo, estacional. Es un lugar para exponer cristales, cartas oráculo y objetos
naturales con significado. Tu espacio de altar es sagrado y querido; es un
lugar de inspiración e introspección.

A veces, sólo necesitas una chispa de inspiración y la confianza para vivir
tu vida más auténtica, y qué mejor lugar para empezar que donde está tu
corazón: tu hogar.

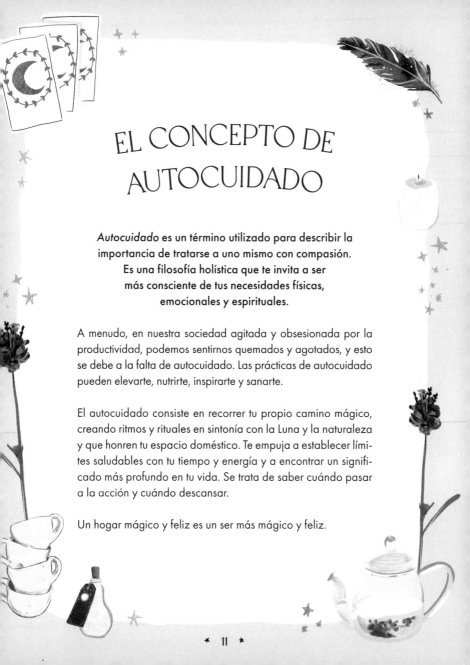

EL CONCEPTO DE AUTOCUIDADO

Autocuidado es un término utilizado para describir la importancia de tratarse a uno mismo con compasión. Es una filosofía holística que te invita a ser más consciente de tus necesidades físicas, emocionales y espirituales.

A menudo, en nuestra sociedad agitada y obsesionada por la productividad, podemos sentirnos quemados y agotados, y esto se debe a la falta de autocuidado. Las prácticas de autocuidado pueden elevarte, nutrirte, inspirarte y sanarte.

El autocuidado consiste en recorrer tu propio camino mágico, creando ritmos y rituales en sintonía con la Luna y la naturaleza y que honren tu espacio doméstico. Te empuja a establecer límites saludables con tu tiempo y energía y a encontrar un significado más profundo en tu vida. Se trata de saber cuándo pasar a la acción y cuándo descansar.

Un hogar mágico y feliz es un ser más mágico y feliz.

PROTECCIÓN

Cuando tienes un hogar seguro, te sientes más segura y tranquila. También eres responsable de la seguridad física de tu casa y de los objetos que contiene. No importa lo pequeño o grande que sea tu hogar, debe tratarse con cuidado y respeto, y con sentido de la gratitud.

La protección no es sólo un concepto físico, siempre habrá un componente metafísico. En este capítulo he incluido algunas actividades prácticas y eficaces que crearán una fuerte sensación de armonía en tu hogar.

HIERBAS PARA EL HOGAR

Las hierbas se han utilizado durante miles de años para sanar la mente, el cuerpo y el alma. Al crecer, pasé muchos veranos con mi abuela, que me enseñó todo sobre el folclore asociado a las hierbas y, en particular, dónde colocarlas dentro y alrededor de la casa.

Las hierbas están estrechamente relacionadas con la sanación, no sólo por sus increíbles cualidades medicinales, que se utilizan en multitud de medicamentos modernos, sino también por sus propiedades físicas y sensoriales.

En astrología, cada hierba tiene un planeta regente y un elemento sagrado. Los elementos sagrados son Aire, Fuego, Agua y Tierra. En las tradiciones *wiccanas* también incluyen el Espíritu como quinto elemento sagrado.

Esto significa que, según la estación y el lugar del mundo en que te encuentres, cada planta tiene un vínculo astrológico. Las asociaciones se basan en la forma de las flores, sus rasgos distintivos, como el color de sus pétalos, su ubicación o entorno y sus usos tradicionales. Por ejemplo, para una planta como el girasol, que sigue naturalmente al Sol, su planeta regente es el Sol (en astrología, el Sol y la Luna se consideran planetas, aunque técnicamente no lo sean).

Las plantas, hierbas, flores y árboles tienen propiedades naturales y mágicas que se ven amplificadas por su planeta regente. Si quieres aumentar la confianza y la creatividad, puedes optar por realizar un conjuro un domingo utilizando las hierbas correspondientes. Puedes utilizar aceites esenciales de hierbas en un difusor, o cocinar con variedades de plantas y hierbas comestibles.

Romero

Es la hierba de los buenos vecinos cuando se cultiva alrededor de tu linde o de la puerta de entrada; amplifica la energía armoniosa entre tú y tu vecino. Como también es una hierba culinaria tan buena, es un detalle ofrecer a tu vecino una ramita de romero. Es imprescindible en toda casa y jardín, y puedes colgarla para que se seque en tu cocina o cerca del espacio de tu altar.

Albahaca

También se conoce como la hierba de la bruja. Se asocia con el fuego y puede utilizarse en muchos platos para crear un maravilloso sabor aromático. También puedes usarla para atraer una buena economía, añadiendo una hoja de albahaca seca a tu cartera.

Lavanda

Esta hierba tiene uno de los olores más reconocibles. Las abejas y las mariposas la adoran, e instintivamente querrás pasar las manos por ella cada vez que pases junto a ella. El color morado es muy armonioso; la lavanda seca tiene un aspecto precioso y puede añadirse a cualquier varita limpiadora porque humea muy bien.

Aquí tienes algunas asociaciones útiles de plantas/hierbas/flores.
He incluido tres para cada planeta regente, pero hay muchas más.

Sol:
Amplifica la confianza en uno mismo y la creatividad
- Girasol
- Hierba de San Juan
- Manzanilla

Mercurio:
Favorece la claridad de pensamiento y la comunicación
- Canela
- Lavanda
- Tomillo

Luna:
Desarrolla la mente subconsciente y la intuición
- Anís
- Col
- Artemisa

Júpiter:
Desarrolla el éxito material y la ambición
- Cedro
- Azafrán
- Diente de león

Marte:
Amplifica la energía motivadora y la pasión
- Ortigas
- Comino
- Ajo

Venus:
Amplifica el talento artístico y la belleza
- Mirto
- Menta gatuna
- Tanaceto

Saturno:
Ayuda a la adquisición de
conocimientos y a la protección

* Pachulí
* Romero
* Hierba de San Juan

Plutón:
Corresponde a los ciclos kármicos
y a la transformación

* Setas
* Mirra
* Pachulí

Neptuno:
Desarrolla la imaginación
y la manifestación

* Loto
* Sauce
* Amapola

Urano:
Ayuda al autodesarrollo
y a romper hábitos

* Pimienta de Jamaica
* Clavo
* Café

CRISTALES PARA EL HOGAR

Ningún hogar mágico estaría completo sin cristales. Los cristales guardan memoria y tienen su propia composición única. Se pueden utilizar para relajar, sanar, inspirar, proteger y atraer energía.

Los cristales encierran mucho encanto y poder para quienes los utilizan. Están impregnados de misterio y muchos practicantes los utilizan para sanar.

Colocar cristales y piedras preciosas en tu hogar inspira una sensación de paz y tranquilidad. La antigua tradición china del *feng shui* utiliza un método que consiste en analizar cuidadosamente dónde se colocan los muebles y los objetos. Cuando se colocan bien, se cree que tú y tu entorno os armonizáis con la energía del yin y el yang. Lo mismo ocurre con los cristales y su colocación en tu hogar. Cada cristal tiene un significado y un uso distintos. Por ejemplo, algunos cristales pueden absorber energía negativa y deben colocarse cerca de los puntos de entrada y salida de la vivienda. Otros pueden ser útiles para amplificar la energía, atraerla o disiparla. Asegúrate de limpiarlos con regularidad (*véase a continuación*).

UN SENCILLO MÉTODO DE LIMPIEZA

Yo solía hacer esto de niña, sosteniendo los cristales a la luz del Sol. Cuando la luz del Sol incide sobre el cristal, es como si vieras todo un mundo dentro de él (sobre todo con el cuarzo y las piedras claras).

La forma más eficaz de limpiar un cristal es permanecer en el suelo, descalza sobre la hierba o la tierra, antes de declarar, mentalmente o en voz alta, que el cristal está ahora libre de energías bajas y que está limpio y listo para volver a usarse. Cierra los ojos y visualiza la luz dorada del Sol bañando el cristal y devolviendo la energía a su estado natural.

Los cristales para sanar son mejores cuando son cómodos de sostener y se colocan sobre la piel. Si un cristal que sueles utilizar en el cuerpo para sanar y meditar está roto o dañado, puedes cambiar su finalidad y colocarlo en la tierra de tus plantas de interior.

Las plantas y los cristales se complementan. Coloca tu cristal en la capa superior de la tierra alrededor de la planta. Retíralo cuando lo riegues, ya que algunos cristales, como la selenita, no deben mojarse. Sin embargo, no tendrás problemas con ninguno de los cristales de cuarzo, que no se dañan con el agua.

CRISTALES ESENCIALES PARA EL DÍA A DÍA

SELENITA:
Perfecta para limpiar y evitar que
entren en casa energías no deseadas.
Utiliza una varita de selenita (un cristal
en forma de varita) cerca de la puerta
de entrada para ayudar a atraer
un flujo fresco de energía a tu casa.

AMATISTA:
Ideal para aliviar el estrés, los
sentimientos de tristeza, la ira y la
dependencia. Equilibra los cambios de
humor. Colócala en la zona del salón.

ROSE QUARTZ:
Perfecto para crear un ambiente
de armonía y amor en tu hogar.
Colócalo cerca de la cama.

CUARZO TRANSPARENTE:
El cristal más utilizado para
la adivinación, la meditación y la
amplificación de las capacidades
psíquicas. Úsalo con Luna llena para
obtener un poder lunar extra. Colócalo
en cualquier lugar de tu casa.

TURMALINA NEGRA:
Aleja los patrones de pensamiento
destructivos y las creencias
autolimitadoras, y ofrece protección
contra la energía no deseada.
Colócala debajo de la cama.

AVENTURINA:
Ideal para llevarla en el bolsillo y
atraer la buena suerte, la prosperidad,
la riqueza y el éxito. Colócala en la
cocina o cerca de la puerta de entrada.

OJO DE TIGRE:
Para esos días en los que necesitas una
pequeña dosis de valor y poder interior
y ser amable contigo misma. Colócalo
cerca de tu espejo.

Campanilla de bruja

Me encantan las campanillas de bruja y tengo muchos recuerdos maravillosos de cuando iba a librerías y tiendecitas de ropa hippy de adolescente, donde estaban colgadas en las puertas y tintineaban al entrar. Además de ser una indicación audible de que alguien ha entrado en la tienda, su uso propio es mucho más interesante. Las campanas de todas las formas y tamaños se han utilizado durante siglos para marcar las horas del día y celebraciones significativas, pero, lo que es más importante, se han utilizado como herramienta sanadora debido a las vibraciones que producen.

Cuando se colocan junto a la puerta principal, las campanillas de bruja reajustan la energía de la última persona que entró en la casa, pero también alejan la energía negativa. Ese sonido pequeño pero sutil puede enviar pequeñas vibraciones sonoras al espacio para crear paz y armonía.

Cuelga tus campanillas cerca de la puerta de entrada, en tu coche, en tu altar, en tu escritorio o cerca de tu ventana para tener más buena suerte y alejar la energía negativa.

QUÉ NECESITARÁS:

★ Algodón para bordar (*véanse* las correspondencias de colores en las págs. 127-129).

★ Cinco campanillas de latón (procura que sean impares).

★ Anilla metálica (similar a un llavero).

★ Campanillas más pequeñas, cuentas de cristal, plumas, amuletos, talismanes para hacerlo a tu gusto.

PROCESO:

Mientras reúnes y trenzas tus algodones, teje con la intención de abundancia y protección. Pon música o canta mientras enhebras las campanillas. Debe ser una actividad alegre y relajante. Recuerda que los objetos contienen energía, así que elige bien tus pensamientos mientras haces tus campanillas de bruja.

Frascos de orgonita para hechizos

La orgonita es sumamente útil para transmutar la energía negativa, incluidas las frecuencias electromagnéticas nocivas. Es básicamente un conjunto de piedras semipreciosas, metales y otros elementos naturales que, cuando se combinan, crean equilibrio en el hogar.

Los frascos de orgonita pueden ayudar a equilibrar la energía de tu hogar. Aunque es preferible usar una botella en forma de pirámide, cualquier forma ayudará a la orgonita a filtrar las frecuencias no deseadas.

Podemos utilizar elementos naturales fáciles de encontrar en tu jardín y los principios de la alquimia para crear un frasco de orgonita.

QUÉ NECESITARÁS:

* Pequeños tarros de cristal con tapas de corcho.

* Alambre metálico (cobre, hierro, acero) o papel de aluminio cortado en tiras más pequeñas.

* Bolsa pequeña de cristales o piedras preciosas laminadas o astilladas.

* Hierbas o pétalos secos (lavanda, romero, laurel, manzanilla, rosa).

* Pan de oro (opcional).

PROCESO:

Limpia siempre los frascos de hechizos
antes de usarlos. Utiliza agua caliente
y jabón si es necesario, deja que se
sequen y límpialos humeando una varita
de salvia o una hierba limpiadora similar.
Intenta hacer varios frascos como estos,
porque puedes colocarlos por tu casa
en múltiples espacios.

3

Añade trocitos de pan de oro para
la abundancia, el éxito y el valor.

«Con este oro que coloco aquí,
la energía dañina desaparecerá».

1

Primero, crea un muelle de metal con tu
alambre. Enróllalo alrededor de un lápiz
(si el metal es lo bastante flexible) o dóblalo
con unos alicates, para que el muelle quepa
en tu frasco. Recorta el alambre sobrante.

«Con este metal que coloco aquí,
la energía dañina desaparecerá».

4

Por último, añade las hierbas y los pétalos.
Lo ideal es que procedan de tu jardín o
de tu localidad, porque estarán mejor
programadas para adaptarse a tu entorno.

COLOCA LOS FRASCOS EN ZONAS CLAVE DE TU
CASA, CONCRETAMENTE EN AQUELLAS EN
LAS QUE PASES MUCHO TIEMPO, COMO EL
DORMITORIO O EL SALÓN. LOS FRASCOS DE
HECHIZO DE ORGONITA SERÁN ESPECIALMENTE
EFICACES SI SE COLOCAN CERCA DE APARATOS
ELECTRÓNICOS O EN CUALQUIER LUGAR
EN EL QUE SIENTAS QUE RECIBES MUCHAS
FRECUENCIAS NOCIVAS.

2

Añade tus cristales/gemas.

«Con estos cristales que coloco aquí,
la energía dañina desaparecerá».

«EN ESTE HOGAR,
DESPERTARÉ LO MÍSTICO
QUE LLEVO DENTRO».

—Jo Cauldrick

ACTIVIDAD RÚNICA

Las runas son herramientas de adivinación que potencian las capacidades psíquicas y se utilizan desde hace miles de años. Los germanohablantes, los anglosajones, los escandinavos y los europeos utilizaron el alfabeto rúnico, hasta que adoptaron el latín. Las runas suelen estar formadas por líneas rectas que, básicamente, crean una letra.

Runa significa «misterio, secreto o significado oculto» y, como el tarot, ofrece perspectivas sobre el propio viaje y camino espiritual. Hay 24 runas, más la runa en blanco conocida como «Odín».

Me encantan las runas; el alfabeto es sencillo de dibujar y es fácil encontrar piedrecitas para hacer tu propio juego. Tradicionalmente, las runas se hacen con piedras, pero también puedes hacerlas con madera (consulta el apartado «Colgante de cedro»).

Si estás planeando un viaje a la costa, es la oportunidad perfecta para recoger unos cuantos guijarros con los que crear tus propias runas. Puedes marcarlas con pegamento dorado para manualidades o con pintura acrílica. Guárdalas en una bolsa con cordón. No olvides añadir una runa en blanco.

CÓMO UTILIZAR LAS RUNAS

Para usar tus runas, es aconsejable hacer primero un ritual
de limpieza (véase el apartado «Cristales para el hogar»)
con tus runas. Esto significará que están limpias de
cualquier energía estancada de usos anteriores.

....

Para una tirada diaria de runas:

1 Mantente presente, inspira y espira tres veces.

2 Pide a las runas que te guíen en el día de hoy.

3 Elige una runa de tu bolsa de cordón.

....

Para una tirada de runas:

1 Extrae la primera runa y colócala a tu izquierda.
   Te mostrará la posibilidad en el futuro.

2 Extrae la segunda runa y colócala a la derecha de la anterior.
   Te sugerirá un camino para seguir adelante.

3 Extrae la tercera runa y colócala a la derecha de la anterior.
   Te revelará el mensaje o resultado general.

SIGNIFICADOS DE LAS RUNAS

Ⱡ FEHU -
Prosperidad y buena fortuna, especialmente para la propiedad y las finanzas. Tu duro trabajo da sus frutos. Runa invertida: estancamiento o pérdida temporal de la buena fortuna.

ⱱ URUZ -
La **fuerza** está representada en esta runa, a menudo relacionada con una pérdida que, en última instancia, conducirá a un nuevo comienzo. Invertida: problemas de salud, pérdida de fuerza.

Þ THURISAZ -
La **protección** y las defensas son necesarias en este momento. Invoca a amigos y familiares para que te ayuden. Invertida: noticias complejas, sensación de falta de apoyo.

Ⱡ ANSUZ -
La **comunicación** y la comprensión están en camino. Espera que se te imparta una mayor conciencia y conocimiento. Invertida: aplica el discernimiento, no todo es lo que parece.

Ⱪ RAIDHO -
Viajes y tiempo de transformación. El crecimiento personal y las relaciones pueden fortalecerse ahora. Invertida: retrasos en planes o viajes.

< KENAZ -
La **claridad** sigue a la confusión y con ella una sensación de creatividad y luz. Esta runa también representa la fuerza interior. Invertida: confusión y bloqueos.

Ⅹ GEBO -
Abundan la **generosidad** y la buena fortuna, especialmente con las relaciones, las conexiones y las asociaciones. Invertida: finales y separación.

ⱷ WUNJO -
Abundan la **felicidad**, el placer y la satisfacción. Sientes equilibrio y conexión con la naturaleza. Invertida: desequilibrio e infelicidad.

ᚺ HAGALAZ -
Perturbaciones y fuerzas fuera de tu control. Representa un período desafiante. Invertida: retrasos y desafíos.

ᚾ NAUTHIZ -
La necesidad de **resistencia** y la paciencia son esenciales en este momento para superar los retos. Invertida: avanza con cautela.

ᛁ ISA -
El **bloqueo** está representado en esta runa. En las relaciones, la comunicación se bloquea o se paraliza. Invertida: conflicto y enfrentamiento.

ᛃ JERA -
Cosecha y los frutos de tu trabajo fructificarán. Esta runa también representa el futuro y la idea de renovación. Invertida: finales o energía bloqueada.

ᛇ EIHWAZ -
Los **nuevos comienzos** a través de los finales están representados por esta runa. Aplica paciencia y fuerza interior. Invertida: incapacidad para avanzar.

ᛈ PERTHRO -
El **misterio** y el conocimiento oculto están vinculados a esta runa, así que utiliza el discernimiento. Invertida: secretos revelados.

ᛉ ALGIZ -
Defensor, representado por el alce, significa que recibirás protección para alejar cualquier energía negativa. Invertida: vulnerabilidad.

ᛊ SOWILO -
La **victoria** y el éxito son tuyos, especialmente con los objetivos personales y la salud. Invertida: cuídate.

ᛏ TIWAZ -
La **justicia** y el honor están representados por esta runa fuerte. Serás recompensada por tu coraje y valentía interiores. Invertida: posibles conflictos y discusiones.

ᛒ BERKANO -
La **renovación** y los nuevos comienzos están en marcha. La tierra es fértil, hay crecimiento y buenas noticias en camino. Invertida: estancamiento y bloqueos.

ᛖ **EHWAZ** -
El **cambio** está representado por el caballo. Déjate llevar por el cambio y el camino te parecerá armonioso. Invertida: no afrontar los problemas.

ᛗ **MANNAZ** -
La **humanidad** y el orden social están representados por esta runa masculina. Una influencia masculina puede cruzarse en tu camino. Utiliza la comunidad y las conexiones para progresar. Invertida: necesidad de tiempo a solas.

ᛚ **LAGUZ** -
El **agua** y la intuición van de la mano. Confía en tu intuición con esta runa femenina. Invertida: desafíos emocionales.

ᛞ **DAGAZ** -
El **despertar** y el avance te dan luz verde para progresar. Invertida: sé consciente y no te precipites.

ᛜ **INGWAZ** -
Los **comienzos**, las buenas noticias y el crecimiento interno vienen con esta runa. Es el momento ideal para empezar algo nuevo con esta fértil energía masculina. Invertida: crecimiento retrasado.

ᛟ **OTHALA** -
La **runa** de la patria. Representa la conexión esencial con tus raíces, tradiciones familiares y valores. Invertida: pueden producirse disputas familiares.

ODÍN (RUNA EN BLANCO) -
El **destino** interviene en el final y en la muerte de los ciclos de tu vida.

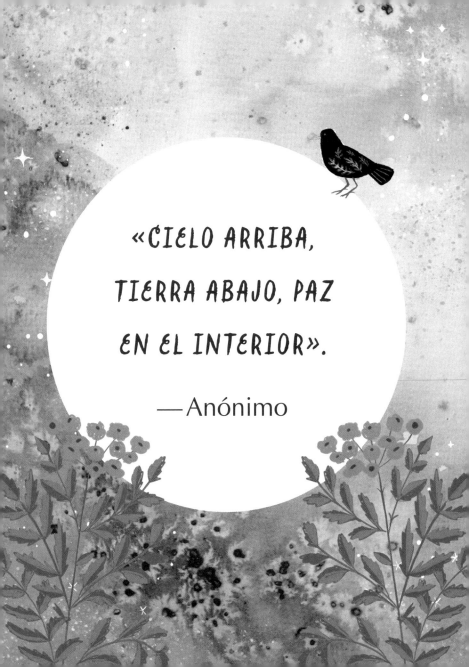

«CIELO ARRIBA,
TIERRA ABAJO, PAZ
EN EL INTERIOR».

—Anónimo

Varitas purificadoras de la bruja buena

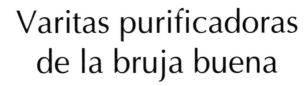

Tuve la suerte de tener un viejo y hermoso manzano en mi jardín cuando era niña. En primavera, cuando llegaba la floración, solía subir a la copa del árbol con mi hermana. Arrancábamos ramas y hacíamos espadas y varitas. Era instintivo y formaba parte de nuestro juego, pero ahora cada temporada creo mis propias varitas limpiadoras con el follaje que hay por mi casa.

No es necesaria una rama para esta práctica; en lo que te centrarás es en crear un fragante e interesante manojo estacional de follaje seco.

Crear una varita purificadora es una bonita actividad estacional que puedes hacer reuniendo ingredientes por tu cuenta o en grupo. Considéralo como un arreglo floral mágico. Mientras trabajas con las hojas y las flores, tu creatividad se profundiza, al igual que tu conexión mágica con la naturaleza. Puedes utilizar las varitas purificadoras para decorar tu casa, colocarlas en tu altar o utilizarlas para potenciar el trabajo con hechizos, dirigiendo la varita hacia un objeto en el que desees depositar tus intenciones.

Las hierbas y ramas que recomiendo aquí son sólo sugerencias; es mucho mejor utilizar plantas de temporada y locales según tu clima y ubicación.

Ten en cuenta que estas varitas no son para quemar.

QUÉ NECESITARÁS:

* Hierbas de temporada y pequeñas ramas de hojas (salvia, laurel, lavanda, romero, eucalipto, hojas perennes, entre otras); elige hierbas que se sequen bien y mantengan su forma como he sugerido.

* Flores secas: puedes colgarlas para que se sequen en un armario ventilado o comprarlas ya listas.

* Cuerda de jardín o de manualidades.

* Cinta decorativa.

CONSEJO MÁGICO:

TAMBIÉN ME GUSTA ATAR UNA PUNTA DE CRISTAL DE CUARZO A LA VARITA CON ALAMBRE GRUESO; PUEDE AYUDAR A DIRIGIR LA ENERGÍA ARMONIOSA A TRAVÉS DE LAS HIERBAS. TAMBIÉN PUEDES AÑADIR CUENTAS, AMULETOS O UN TALISMÁN AL ATADILLO.

PROCESO:

Separa tus hierbas en montones y coge una pequeña porción de cada uno hasta que tengas el tamaño de varita deseado. Sujeta la base de la varita y enróllala varias veces con el cordel en forma de cruz. A mí me gusta envolver mis varitas limpiadoras en espiral hacia arriba hasta llegar casi a la parte superior, después envolverla horizontalmente unas cuantas veces e invertir el proceso hasta la base de nuevo y sujetarla con firmeza. Remete bien el cordel y ata los extremos antes de recortarlos. Ahora puedes añadir una cinta decorativa.

Varita de primavera

COLORES DE CINTA:
Pastel, azul, lavanda, amarillo y verde

CRISTALES:
Amatista, cuarzo rosa, piedra lunar, aguamarina

HIERBAS/FLORES:
Narciso, lavanda, romero y silvestres

Varita de verano

COLORES DE CINTA:
Dorado, rosados, verdes y amarillo girasol

CRISTALES:
Citrino, ojo de tigre, ámbar, topacio

HIERBAS/FLORES:
Tomillo, rosa, peonía, albahaca

Varita de otoño

COLORES DE CINTA:
Negro, morado, plateado y naranja

CRISTALES:
Ónice, cornalina, obsidiana

HIERBAS/FLORES:
Crisantemo, romero, salvia, caléndula

Varita de invierno

COLORES DE CINTA:
Azul hielo, rojo intenso, morado intenso

CRISTALES:
Cuarzo transparente, celestita, rubí, piedra de sangre

HIERBAS/FLORES:
Cardo, romero, muérdago, acebo, salvia

Poema del hogar
de la bruja

*Querido hogar, te valoro tanto
pues eres mi refugio, el lugar que conozco.
Familiar eres tú, donde se encuentra el confort,
donde se conjura mi magia, donde abunda el amor.*

*Amigos y familiares, también espíritus de la naturaleza
aquí son bienvenidos, ya que la Luna es nueva.
Queridísimo hogar, tan valioso eres
pues del viento y de la nieve me proteges.*

*Doy bendiciones cuando te abandono y regreso
agradecida por este lugar en el que moro.
Cuidaré de ti, como tú de mí
y no habrá energía negativa aquí.*

*En cada Luna llena, adornaré este lugar
con flores e incienso para el espacio deleitar.
Y con cada estación, querido hogar,
una energía nueva, la magia imbuirá.*

Escobones en miniatura

**Los escobones son escobas. Cuando era más joven, deseaba en
secreto poder volar en una por el bosque que había detrás de mi casa.
Tradicionalmente se hacen con ramas de abedul y varas de fresno o roble,
pero también se pueden hacer versiones más pequeñas. Yo suelo
hacerlos en miniatura (sobre todo durante Samhain) para representar
el destierro de la energía estancada y barrer viejos patrones
de pensamiento que me retienen.**

Los escobones son sinónimo de folclore, brujas y hadas. Durante Beltane, una
fiesta pagana de la fertilidad que se celebra el 1 de mayo, un ritual tradicional que se lleva a cabo es el «salto de escoba». A menudo se utiliza para
simbolizar el destierro de la energía negativa o para celebrar una unión sagrada entre dos personas.

Samhain también es un momento clave para utilizar, fabricar y crear escobones para honrar y proteger el hogar. Samhain es una fiesta pagana que se
celebra el 31 de octubre. Honra a los muertos y se considera el Año Nuevo
de las brujas. En la «Rueda del Año» se sitúa frente a Beltane y es la tercera de las fiestas de la cosecha.

Lo que me encanta de hacer tu propio escobón son las posibilidades creati-
vas que se abren en tus prácticas mágicas.

Escoba de puerta

Haz una pequeña escoba para colocar en el porche o junto a
la puerta de entrada. Las brujas suelen utilizar la escoba como
herramienta simbólica cuando no se usa físicamente. En este caso,
una escoba pequeña será ornamental.

Cocina

Puedes hacer unos cuantos escobones inspirados en tus hierbas
favoritas y colgarlos con tus cacerolas.

Dormitorio

Puedes hacer un pequeño escobón de lavanda y obsidiana
y colocarlo debajo de la cama para favorecer un sueño reparador
y disipar las pesadillas.

RUEDA DEL AÑO

HEMISFERIO NORTE

COLOREA TU RUEDA DEL AÑO, A MEDIDA QUE CADA ESTACIÓN VA Y VIENE.

HEMISFERIO SUR

QUÉ NECESITARÁS:

* La mejor madera para el palo de la escoba es la que se ha encontrado o se ha caído. Cuando te propongas hacer un escobón, la madera aparecerá para ti. Si no tienes acceso a roble o fresno, busca algo similar, como una vara de pino o una caña de bambú. Elige un trozo de unos 25-30 cm de longitud.

* Un manojo de ramitas de abedul o hierbas de ramita (tomillo, romero, artemisa) para la parte del escobón. Deben tener una longitud de 25-30 cm para que puedas recortarlas después.

* Unas tijeras fuertes.

* Cordón/cuerda encerada y alambre de manualidades para sujetar el escobón.

* Sigilos (véase el apartado «Sigilos para el día a día»), talismanes o cualquier cosa que tenga magia y significado para ti.

* Flores o hierbas secas.

* Tu cristal favorito.

UTILIZA ESTE PROCESO PARA HACER TU ESCOBÓN/ESCOBA. PUEDES LIJAR Y LUEGO ENCERAR TU BASTÓN (PALO DE ESCOBA) ANTES DE ESTOS PASOS.

PROCESO:

1

Agarra tu manojo de ramitas de abedul (y/o hierbas) con los extremos hacia abajo. Sujétalos con fuerza y córtalos para que todos tengan la misma longitud.

2

Coloca las ramitas con cuidado, para que los extremos cortados lleguen a un tercio de la altura del bastón. Puede que tengas que cortar varias veces para conseguir la longitud correcta de cepillo.

3

Cuando tengas el tamaño deseado, enrolla el cordón/cuerda/alambre varias veces alrededor del cepillo para que quede bien sujeto.

4

Añade un manojo más pequeño de flores secas sobre la parte superior del cepillo y sujétalo.

5

Coloca un cristal o tu talismán favorito en la parte delantera del manojo de flores para darle aún más magia.

Para hacer escobas decorativas de cocina otoñales, puedes utilizar ramitas de romero o agujas de pino y atarlas a la parte inferior de una rama de canela. A mí me encanta hacerlo y da vida a la cocina.

CONEXIÓN

La conexión es esencial a la hora de crear un hogar maravillosamente brujeril. A menudo notarás que colocas intuitivamente los objetos de tu casa en función de lo que sientes por ellos. Los objetos que guardan un recuerdo especial para ti te ofrecerán una conexión más profunda, al igual que el acto de elaborar o hacer algo tú misma.

Utilizar materiales y objetos naturales, como cristales, madera, piedras y fibras naturales, también aportará una conexión mágica a tu casa.

Prestar atención a las estaciones y al ciclo lunar te ayudará a generar ritmo y a profundizar en tu confianza mágica.

Remedio de rescate con diseños de cristal

Un diseño de cristal consiste en colocar determinados cristales y objetos naturales juntos, siguiendo un patrón sobre una superficie plana. Al crear un diseño de cristal se siguen patrones geométricos sagrados, porque reflejan las proporciones matemáticas naturales de todos los seres vivos.

Cuando combinas cristales y geometría sagrada, puedes crear hermosos diseños que armonizan el ambiente de tu casa y amplifican las buenas vibraciones que buscas en tu vida. Recolectar plantas, palos, piedras y cuarzos de tu zona es igual de bonito, y además guardan la magia y la memoria del entorno en el que aparecieron. Añadir hojas, bayas, plumas, conchas y pétalos de flores a tus diseños también surtirá el efecto deseado.

Durante mi infancia tuve una enorme colección de piedras, cristales y gemas, y mis hijas también recogían instintivamente trozos de cuarzo en nuestros paseos diarios. Hay algo en los cristales que despierta nuestra imaginación y nuestro amor por coleccionar. No fue hasta la adolescencia cuando supe de su potencial mágico gracias a una mujer que tenía una tienda de cristales.

Una regla general es: el cristal te elige a ti. Invierte con sensatez en cristales de buena calidad y cuídalos bien. Es fácil querer tener una colección digna de museo, pero a menudo todo lo que necesitas son unos pocos elegidos que puedas utilizar fácilmente a diario.

TE RECOMIENDO:

1 **PARA POTENCIAR LA ENERGÍA**, utiliza un cristal de cuarzo grande con una base plana, para tenerlo en un espacio en el que te interese potenciar/amplificar algo. Por ejemplo, podrías crear un diseño de cristales sobre una repisa de chimenea o una mesa pequeña, con el objetivo de aumentar la abundancia, la buena suerte o bendecir la habitación.

2 **PARA APOYAR LA ENERGÍA**, te recomiendo que te hagas con ejemplares de citrino laminado liso, cuarzo rosa, cuarzo, turmalina u ojo de tigre para tus rituales de baño.

3 **PARA LA ENERGÍA DE PROTECCIÓN**, reúne piedras que destierren los malos sueños y ayuden a neutralizar la negatividad, como la obsidiana, la labradorita, la amazonita o la piedra lunar. Para ello puedes crear pequeños diseños de cristales que quepan perfectamente en espacios reducidos.

4 **PARA LA ORIENTACIÓN Y LA DIRECCIÓN**, me gustan la amatista, la aventurina, la hematita y la cornalina.

Aquí tienes tres diseños sencillos que puedes reproducir y utilizar con distintos fines.

1. ESPIRAL

Es uno de los símbolos más antiguos y sagrados. Contiene la resonancia de la regeneración y representa la naturaleza cíclica de la vida y la muerte. Utiliza este diseño para potenciar tu felicidad y tu salud, para tu yo más vibrante.

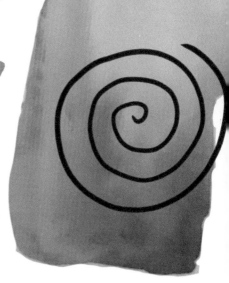

2. SEMILLA DE VIDA

Este diseño tiene siete círculos que se entrelazan para revelar una flor de seis pétalos en el centro. Esta poderosa forma sagrada puede utilizarse para aumentar tu capacidad de manifestar y generar motivación y fuerza interior.

3. VESICA PISCIS

Es una de las formas de diseño que más me gusta utilizar. Representa el útero del universo y el vínculo entre los mundos espiritual y físico. Puedes hacer el diseño en el exterior, en tu jardín, en la playa, en el bosque o en el altar de tu casa. Es muy práctica y versátil. Utilízala para recuperar el equilibrio, la armonía y una conexión más profunda con tu verdadera esencia y tu yo superior.

Hay algunos elementos de buenas prácticas que debes tener en cuenta cuando utilices tus diseños con cristales:

* Utiliza siempre tu intuición al seleccionar cristales y elementos naturales para tu diseño; tu imaginación es poderosa.

* Practica la higiene espiritual tanto como puedas. Despeja el espacio en el que trabajas, lávate las manos, mantente presente y no tengas prisa. Ésta es una actividad lenta y sagrada.

* Puedes limpiar fácilmente tus piedras con humo de hierbas secas de tu zona o con una varilla de incienso orgánico.

* Establece tus intenciones decidiendo el propósito del diseño y cómo quieres que funcione para ti.

Sigilos para el día a día

Los sigilos son marcas que encierran magia y significado.
Estamos rodeados a diario de símbolos de los que a menudo no nos
damos cuenta de que tienen una resonancia y un propósito, como
los logotipos e iconos de marcas populares. En pocas palabras, los sigilos
son marcas que tienen un significado para quien las crea, según el uso
que se les vaya a dar. Pueden utilizarse para ayudarte a manifestar.

Yo utilizo sigilos instintivamente, y tengo recuerdos vívidos de haber inventado
mis propios sigilos secretos en mis libros de texto. En la práctica, los sigilos
pueden ayudar a tu mente subconsciente a asociar un símbolo con una acción,
lo que resulta muy útil cuando necesitas frenar, hacer una pausa, concentrarte
o hacer que tu mente subconsciente recuerde algo importante.

Para tu casa, los sigilos pueden ser maravillosos para mejorar tu actividad
mágica.

DIFERENTES TIPOS DE SIGILOS E IDEAS DE CÓMO PUEDES UTILIZARLOS EN TU CASA:

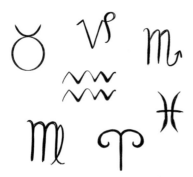

1 Los sigilos más obvios y divertidos
son los que representan los signos del
Zodíaco, las estrellas, las fases lunares,
los elementos sagrados y la geometría,
entre otros. Se pueden llamar «sigilos
correspondientes», que ayudan a tu
memoria.

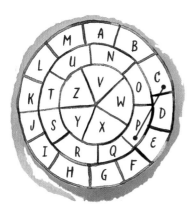

2   Otra forma popular de crear sigilos es usar la «rueda de brujas», en la que colocas el alfabeto dentro de tres anillos (como se ve aquí). Eliges una palabra, por ejemplo, COPA, y eliminas las vocales o las letras repetidas para revelar una versión simplificada (en este ejemplo, «CP»). Luego la trazas en tu rueda de bruja y la forma que queda después de conectar las letras es tu sigilo.

3   Sin embargo, mi forma favorita de crear sigilos es dibujar formas sencillas que me vienen durante la meditación, la relajación o cuando paseo por la naturaleza. Puedes crear bonitos sigilos de flores y hierbas que te recuerden determinados remedios o medicinas vegetales; por ejemplo, podrías dibujar un sigilo sencillo de una planta de milenrama que represente un corazón y un sistema circulatorio sanos. Hacer tu propia versión de ellos te ayudará a aprovechar la energía de la medicina vegetal. Yo los llamo «sigilos de meditación».

Crea tus propios sigilos jugando con combinaciones de líneas dibujadas o pintadas a mano. Un sigilo es una marca que has hecho y que tiene un significado y un recuerdo, así que hacer garabatos en tu cuaderno es una forma estupenda de jugar con las ideas.

ENCANTAR EL AGUA

Encantar el agua es una forma de ralentizar el ritmo, estar presente y disfrutar trabajando con el elemento sagrado del agua. Cuando tratas al agua con respeto y muestras gratitud hacia ella, básicamente la programas con una vibración feliz. Esto es muy bueno para ti y para el entorno de tu hogar.

Recuerda que estás compuesta de aproximadamente un 60% de agua; si el agua se ve afectada por la forma en que se la trata, entonces tus pensamientos reales pueden favorecerte o perjudicarte.

MÉTODO PARA ENCANTAR EL AGUA

Empieza a prestar atención a los recipientes que utilizas para
el agua en tu casa. ¿De qué bebes? ¿Está optimizado para tu
salud? ¿Podrías hacer algún cambio? Por ejemplo, quizá
quieras utilizar vidrio en lugar de plástico.

Para las plantas:

Elige un recipiente sólo para regar tus plantas.
En mi regadera he escrito «sano, fuerte, abundante»,
lo que programa el agua cada vez que riego mi jardín.

Para tu casa:

Si puedes, utiliza un filtro natural que llegue directamente
a tus grifos; si no, utiliza un buen sistema de filtrado para
eliminar del agua los productos químicos nocivos añadidos.
También puedes limpiar el agua con una varita de cristal.
Hazlo con una intención clara de devolver la fuerza
vital al agua y optimizarla para la salud.

Para las bebidas:

Un método que me enseñó un espiritualista consiste
en mezclar siempre tu bebida en el sentido de
las agujas del reloj para la abundancia y la salud
(piensa en la «espiral» de la simbología sagrada).

21 COSAS QUE AMO DE MÍ
★ MI VIDA ★

1 ....

2 ....

3 ....

4 ....

5 ....

6 ....

7 ....

8 ....

9 ....

10 ....

11 ....

12 ....

13 ....

14 ....

15 ....

16 ....

17 ....

18 ....

19 ....

20 ....

21 ....

ACTIVIDAD PARA COLOREAR

Disfruta coloreando estas botellas mágicas
de Aire, Fuego, Tierra y Agua.

Aire

Fuego

Tierra

Agua

MÚSICA Y SONIDO EN TU CASA

La música que escuchas y los sonidos de tu casa y tu entorno desempeñan un papel importante en la resonancia que afecta a tu cuerpo y a los elementos naturales que te rodean. Presta atención a esto, sobre todo si te sientes desequilibrada.

Ciertos materiales y objetos pueden emitir sonidos naturales y tu cuerpo se verá afectado por ello.

Campanillas de viento:

Las campanillas de bambú tienen un tono más grave y hueco, a diferencia de las campanillas de viento de metal, que pueden resultar bastante molestas para el oído. Si buscas campanillas para tu casa y tu jardín, asegúrate de que sea un sonido con el que te sientas cómoda y que puedas escuchar a menudo.

Consulta también la práctica «Campanillas de bruja».

Cuencos cantores:

También se conocen como cuencos tibetanos y producen una vibración sonora cuando un mazo o percutor toca el cuenco. Hay una gran variedad de tipos de cuencos, desde los antiguos de metal hasta los más modernos de cristal. Cada cuenco tiene un tono distinto, y esos tonos se utilizan para fines diferentes. Por ejemplo, los tonos altos son más adecuados para la curación física, mientras que los tonos bajos ayudan a asentarse y a aliviar el estrés.

Agua corriente:

No hay ninguna razón por la que no puedas incorporar a tu casa una pequeña minifuente que funcione con energía solar, colocándola en un cubo o cuenco con agua y añadiendo algunas plantas que amen el agua. El sonido del agua es muy curativo y reconfortante. Si no tienes jardín, puedes crear un miniparaíso dentro de tu casa.

Música de 432 Hz:

La música siempre evoca emociones y una de las formas más eficaces de relajarse, sobre todo cuando te sientes estresada, es escuchar música sintonizada a 432 Hz. Los dos hemisferios cerebrales se sincronizan al escuchar 432 Hz, lo que fomenta la creatividad y la intuición.

Bastones de viaje de bruja

La vida es un viaje y ¿qué mejor forma de marcar hitos significativos en tu vida que con un bastón de viaje? El principio del bastón de viaje de bruja es marcar simbólicamente momentos de tu vida en los que te ha ocurrido algo memorable (en particular, algo que te ha hecho crecer o un reto que has superado). También es una invitación a crear recuerdos. Lo más típico es tener un álbum de fotos que habite en una caja debajo del sofá. Al crear un bastón de viaje de bruja, puedes ver en qué punto te encuentras y qué te gustaría añadir a continuación.

Yo los he utilizado a lo largo de mi vida y con mis hijos, como manualidad. Lo que más me gusta de ellos es que empiezan con la elección de la vara adecuada, que es una miniaventura en sí misma. Cuando te propones hacer un bastón de viaje, no pasará mucho tiempo antes de que el universo y los espíritus de los árboles te proporcionen la vara perfecta.

QUÉ NECESITARÁS:

- ✱ Una vara que no esté podrida y que tenga algo de fuerza.
- ✱ Papel de lija fino.
- ✱ Hilos de bordar de varios colores.

- ✱ Pintura acrílica.
- ✱ Pincel.
- ✱ Cintas.

PROCESO:

1 Elige tu rama/vara y lija las zonas ásperas.

2 Da la bienvenida a tu bastón de viaje a tu casa y búscale un lugar adecuado. Al igual que una escoba de bruja, los bastones de viaje son un complemento precioso para tu espacio.

3 Puedes tener una colección de bastones de viaje de distintos tamaños: quizá los más cortos para crear un bastón como proyecto completo y los más largos para ir añadiéndolos a lo largo de un período de tiempo más largo.

4 Piensa en tus bastones mágicos como en una colección de varitas, que vas formando con el tiempo. El color utilizado también tiene su importancia; elige colores que representen un sentimiento o una estética que desees. Envuelve la cuerda/hilo alrededor de la rama. Empuja los hilos para crear bandas distintivas. Puedes pintar bandas en lugar de utilizar hilos.

5 Si estás reflexionando sobre un acontecimiento, por ejemplo, un nuevo trabajo, una mudanza o la bienvenida a un nuevo miembro de la familia, puedes utilizar tu bastón para registrar este acontecimiento. Añade pequeñas etiquetas con una fecha a tu hilo o cose cuentas para darle más textura e interés.

6 También puedes grabar una fecha en la madera, utilizar un sigilo especial o perforar etiquetas y fotos para colgarlas de la rama.

7 Exhibe tu bastón de viaje de bruja como si fuera un colgante de pared, o colócalo en posición vertical en un rincón especial de tu casa.

222

666

NÚMEROS ANGELICALES

999

La numerología es una ciencia oculta y un método de adivinación que se utiliza para comprender la relación sagrada entre los números y sus significados.

¿Has visto números que se repiten o que aparecen en una secuencia determinada? Muchas personas experimentan esto y a menudo se atribuye a un despertar de la conciencia.

Cuando ves que ciertos números se te presentan en tu vida cotidiana o experimentas un acontecimiento fortuito que notas que está muy bien sincronizado, puede darte ideas sobre tu camino espiritual e indicar que estás siendo apoyada por tus ángeles/guías espirituales. Presta atención a estos números y a los mensajes que traen.

555

HE AQUÍ ALGUNOS NÚMEROS REPETIDOS Y SUS MENSAJES:

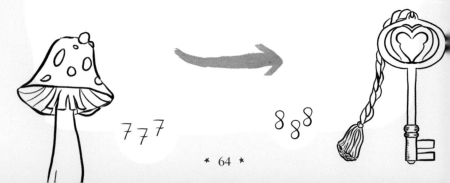

777

888

111 Nuevos comienzos

Alinéate con tu verdadero camino, mantén afirmaciones optimistas y positivas. Confía, nutre y expande tu sabiduría interior y tu intuición.

222 Maestro constructor

El equilibrio es la clave, mantén la fe y un enfoque filosófico de los acontecimientos de tu vida. Nada es por accidente, todo está orquestado. Tus ángeles te apoyan.

333 Maestro ascendido

La trinidad de mente, cuerpo y espíritu se amplifica ahora. El crecimiento y la expansión de tu imaginación te ayudarán en tu viaje del alma y elevarán a otros que se crucen en tu camino. Los maestros ascendidos te apoyan ahora.

444 Propósito de vida

Mantén el entusiasmo y la dedicación a tus objetivos y sueños. No hay nada que temer, estás siendo apoyada y guiada en este momento.

555 Cambios vitales

Se te está guiando para que sueltes y dejes ir todo lo que ya no te sirva y confíes en que esta transición te aportará beneficios a largo plazo.

666 Eleva la vibración

Cuando ves estos números o atributos de este número, es una llamada a revisar tu apego a las cosas materiales. Céntrate en una mentalidad de abundancia y no de carencia, y busca la ayuda de tus guías espirituales.

777 Despertar

Estás escuchando y, por tanto, estás evolucionando espiritualmente. Las lecciones que has aprendido hasta ahora te están ayudando a prestar un servicio más elevado a los demás.

888 Ley espiritual

Si dominas la ley del karma, verás rápidas bendiciones en el ámbito de las finanzas. Serás guiada y apoyada, ya que este número suele aludir al final de algo. Todo va bien.

999 Fin de los ciclos

Para que el propósito de tu vida siga desarrollándose, deben producirse los cambios y finales necesarios. Ahora es el momento de abrazar lo que realmente quieres hacer en tu vida y de confiar en tu corazón.

1000 Amplificador

Los números que incluyen el 0 se supercargan y amplifican sus atributos. El 0 se conoce como el número de fuerza «Dios», un espacio despejado para el crecimiento potencial, las elecciones y las opciones. Es el comienzo de un viaje espiritual con la energía de la unidad y la totalidad.

Guirnalda de fases lunares

Ésta es una de mis actividades de brujería favoritas. Hace unos años hice cientos de estas guirnaldas de papel de distintos colores para venderlas, y también son un regalo estupendo. El ciclo lunar tiene ocho fases principales, representadas en esta actividad para ilustrar todo el ciclo lunar.

Es un bonito artículo de decoración que te recuerda tu conexión con la Luna.

A algunas brujas también les gusta incorporar la Luna oscura, que es una ventana de tiempo especial entre la última luz de la Luna menguante y la Luna nueva. Las fases de Luna menguante vienen después de la Luna llena e incluyen la Luna balsámica.

La Luna creciente suele ser un momento de atracción e impulso; es cuando la Luna crea luminosidad.

La Luna menguante es típicamente un momento para rendirse y soltar; aquí es donde la Luna pierde luminosidad.

Una vez que cuelgues estas bellezas, no te creerás lo hermoso que pueden hacer que luzca tu espacio.

Luna nueva

Creciente

1.er cuarto

Gibosa creciente

Luna llena

Luna diseminante

3.er cuarto

Luna balsámica

QUÉ NECESITARÁS:

* Papel de manualidades que admita pintura acrílica por ambas caras.
* Pintura acrílica en colores metalizados.
* Paleta mezcladora.
* Pincel.
* Cepillo de dientes viejo.
* Una troqueladora de círculos (la más grande que encuentres) o corta un círculo de cartulina para utilizarlo como plantilla.
* Máquina de coser, kit de costura o hilo y una perforadora.

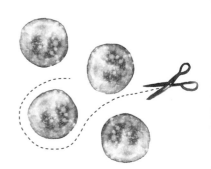

PROCESO:

Cuando hice mis guirnaldas, pinté un trozo entero de papel grueso de manualidades por ambos lados y lo dejé secar antes de utilizar la perforadora.

1

En primer lugar, pon una cantidad generosa de pintura acrílica en una paleta. Yo utilicé varios colores para las distintas guirnaldas lunares. También puedes pintar cada fase de un color distinto. A continuación, sumerge una cartulina doblada de 2 cm en la pintura y aplícala en varias direcciones sobre el papel. Utilicé esto en lugar de un pincel porque podía cubrir una gran superficie y aporta textura. No obstante, puedes utilizar un pincel. Cuando la pintura se seque, puedes utilizar pintura blanca y pasar las cerdas del cepillo de dientes para crear un efecto de galaxia en el papel.

2

Corta cuatro círculos del papel pintado para cada guirnalda. Así se crean siete fases lunares (*véase la ilustración de las fases lunares –pág. 67–*; la Luna nueva no está representada en esta guirnalda).

1 CÍRCULO PARA LA LUNA LLENA.

1 CÍRCULO CORTADO POR LA MITAD PARA DOS MEDIAS LUNAS.

2 CÍRCULOS PARA 2 MEDIAS LUNAS Y EL PAPEL PINTADO SOBRANTE PARA UNA LUNA GIBOSA MENGUANTE Y UNA LUNA GIBOSA CRECIENTE.

3

Pasa el centro de cada círculo por la máquina de coser uno tras otro para crear una cadena. También puedes coser a mano por el centro o utilizar una perforadora en los lados opuestos de cada fase lunar y luego enhebrar algodón a través de ellos. Esto funciona mejor si utilizas formas de Luna más grandes.

Si quieres probar otros diseños, puedes crear una guirnalda de Luna de lobo o jugar con distintos colores y texturas.

ARMONÍA

Para mí, armonía significa múltiples elementos trabajando juntos sin sensación de restricción. Supongo que se parece al estado de fluidez que experimento cuando creo un cuadro o cuido de mi jardín, cuando las cosas parecen estar alineadas sin esfuerzo. Un hogar armonioso refleja cómo te sientes.

Crear un hogar armonioso es la base de cómo tu espacio vital puede convertirse en un refugio para la magia y la creatividad. La naturaleza tiene una armonía exquisita, por lo que, al combinar tus manualidades, muebles, plantas, velas y cristales, puedes crear una atmósfera verdaderamente hermosa en tu hogar.

Todos tenemos días de desorden en casa, así es la vida. La clave para crear un flujo sostenible se basa en bellos rituales que te ayuden a mantener las tareas domésticas al día y a reponer la energía positiva con regularidad. La constancia es clave; si te sientes desorganizada, es probable que tengas espacios en casa que necesitan atención.

La Luna nueva también es una oportunidad para vaciar tu casa de objetos que ya no te sirven. De este modo estarás invitando a tu hogar a nuevas posibilidades y a un espacio extra para la magia creativa.

Bendición del hogar

Bendecir tu hogar, o el de otra persona, no tiene por qué ser un asunto formal. Es bueno practicar la higiene espiritual al entrar en tu casa. Usa el felpudo y quítate los zapatos.

Una bendición del hogar demuestra que estás agradecida y que ya vives en un estado de abundancia. El hogar conoce tu energía.

QUÉ NECESITARÁS:

* A ti misma. Y estar en un estado de calma, felicidad y lucidez mental.

* Varita limpiadora (consulta «Varitas purificadoras de la bruja buena»).

* Tu cristal favorito.

* Un espacio limpio y despejado en el suelo para sentarte.

PROCESO:

Realiza esta bendición del hogar en tu casa. Primero quítate los zapatos, luego siéntate en el suelo, con las manos en contacto con él.

Concéntrate en sentirte feliz y agradecida por tu casa. Concéntrate en la sensación que te produce estar en un lugar que te hace sentir segura y querida. Cuando visualizas, estás viendo una película que se reproduce en tu mente de la forma en que ves o te gustaría ver tu casa.

Limpiar primero tu espacio demuestra respeto por tu hogar. Si hay algo que no está alineado en la casa, también es el momento perfecto para hacer una bendición.

Quema con cuidado tu varita limpiadora.

Trabaja con movimientos circulares en el sentido de las agujas del reloj para aumentar la abundancia. Coloca la varita sobre un plato refractario y comienza la bendición.

De rodillas, coloca ambas manos en el suelo, delante de ti. Cierra los ojos y repite esto en voz alta o para ti misma:

Imagina una hermosa luz dorada que emana de ti, como una onda en un estanque. La onda llega a las cuatro esquinas de tu casa. Mientras te concentras en pensamientos de protección y estabilidad, imagina que esa luz dorada se expande más allá de tu casa, hacia las casas de tus vecinos y hacia el pueblo, la ciudad y el país en general.

Percibe la sensación de que la casa ya es abundante en todos los ámbitos. Visualiza tu hogar seguro, protegido y como un lugar en el que puedes ser tú misma.

«Hola, querido hogar,
te amo y te aprecio.

Que este espacio sea bendecido
con armonía y abundancia.

Te doy las gracias por tu protección.
Estoy agradecida por este espacio».

Colgador de hierbas de bruja

Ningún hogar de bruja estaría completo sin un sencillo pero práctico colgador de hierbas. Realzará de inmediato la habitación, las plantas purificarán el ambiente y creará esa magnífica estética de bruja que hace que tu casa tenga un aire y un aspecto inspiradores.

Llevo años haciéndolos y son sorprendentemente sencillos de elaborar. Puedes colgarlos en cualquier espacio adecuado. Busca una pared libre, utiliza una alcayata para colgar una rama y, como por arte de magia, tendrás un lugar donde empezar a colgar y secar tus hierbas de bruja.

QUÉ NECESITARÁS:

* Un bonito trozo de madera que, a ser posible, hayas encontrado paseando por la naturaleza o en tu jardín. Si no encuentras lo que buscas, una caña de bambú es una alternativa estupenda.

* Cordón de algodón o cuerda de jardín.

* Una alcayata.

* Hierbas: recomiendo las autóctonas que mantienen bien su forma, como la lavanda, la salvia, el laurel, la planta del curry, la milenrama y el romero.

* Cuerda o elástico para las hierbas.

* Tijeras.

PROCESO:

1 Ata bien un cordel a cada extremo del palo, asegurándote de que hay suficiente cordel para que el palo cuelgue de forma natural la alcayata.

2 Selecciona pequeños manojos de hierbas para atar. El elástico es útil porque se contraerá a medida que las hierbas pierdan agua y se sequen. El cordel también está bien, sólo tendrás que tensarlo más tarde.

3 Cuelga las hierbas a distintas longitudes para que resulten vistosas y no choquen entre sí. Déjalas secar un par de semanas.

4 Una forma sencilla de añadir más magia a tu colgador es enrollar follaje alrededor del palo. Yo utilizo eucalipto, pero puedes usar laurel, abeto, acebo o hiedra, que puedes encontrar gratis en tu jardín o paseando.

5 Coloca encajes o cintas decorativas para darle un toque estético.

MEDITACIÓN GUIADA

Éste es tu momento para conectar con tu yo superior, con el universo
y con todo lo que te rodea. Busca un espacio tranquilo,
ponte cómoda y cierra los ojos.

· ·

Con cada respiración imagina que la luz, la sabiduría y la compasión te
inundan, y al exhalar imagina que liberas cualquier preocupación, estrés o
inquietud que tengas.

Sé consciente de esa calma mientras invitas a la luz y sueltas las presiones
que te impones a ti misma. Invitemos ahora a la amorosa energía de Hestia,
guardiana del fuego, diosa del hogar.

Permanece quieta y conecta con el silencio interior. El zumbido del universo
es reconfortante, como el latido de un corazón feliz. A medida que el cosmos
se expande, ves millones de estrellas envueltas en mantos de más estrellas. A
medida que tu respiración te adentra en los reinos subconscientes, ves una
pequeña luz resplandeciente en la distancia.

Te concentras en ella.

A medida que la luz se acerca, notas que la sostiene la gran diosa del hogar,
Hestia.

Te pasa la llama del amor y la protección. La recibes con cuidado y la colocas en tu corazón. Cultivas y cuidas esta llama en tu interior, tu corazón brilla ahora con una luz cálida y amorosa. Esta luz pulsa a través de las moléculas de tu ser y regenera tu mente.

Ahora sientes que el amor fluye a través de ti.

Inspira.

Estás alimentada por el amor eterno de la energía de la fuente, el valiente fuego resplandeciente de tu interior quema la toxicidad de las creencias limitadas y se convierte en el combustible que necesitas para ser la guardiana de tu propia llama.

Ahora repite estas afirmaciones mientras te sientas junto a tu propio fuego/ vela encendida.

Soy una chispa divina de energía creativa.
Soy curiosa y utilizo esto para potenciar mi imaginación.
Me inspiro en muchos, muchos lugares.
No estoy limitada por lo que puedo inventar y hacer.
Ahora me doy permiso para experimentar con las ideas
que he soñado durante tanto tiempo.
Cuando doy rienda suelta a mi lado creativo, me alimento y me nutro.
Soy un ser creativo.
Cuando vierto energía amorosa en mi hogar, éste se convierte
en un refugio para mi creatividad.
Mi hogar es seguro y fuerte.
Estoy muy agradecida por mi hogar.

Tarta de Luna llena

Lo más bonito es hacer la tarta el día de Luna llena. Para que esté aún más en consonancia con las estaciones, elige una receta que contenga fruta de la región en la que vives o, mejor aún, fruta que hayas cultivado tú. Haz la tarta el día de Luna llena para atraer más magia.

✴ Limpia todas las superficies y prepara el equipo de repostería.

✴ Pon tu música favorita.

✴ Proponte hacer una tarta deliciosa. Yo no soy una gran pastelera, pero siempre decido que sí lo soy y que haré una tarta deliciosa que gustará a mi familia.

✴ Una idea que me dio una amiga hace unos años es escribir una afirmación o una palabra poderosa en papel de arroz comestible y añadirla a la mezcla antes de hornear la tarta de Luna llena.

✴ Tómate tu tiempo y disfruta del proceso.

✴ Decora tu tarta de Luna llena con flores comestibles, o prepara una mesa como si fuera un altar y coloca la tarta en el centro.

✴ Es una buena idea bendecir la tarta antes de comerla. Yo siempre bendigo mi tarta con abundancia, como si cada trozo estuviera mágicamente cargado de amor y buena suerte.

Puedes celebrar tu fiesta de la tarta de Luna llena con amigos o turnaros para tematizar la tarta. Para las tartas del equinoccio, me gusta decorar la mitad de la tarta con chocolate para representar la oscuridad y la otra mitad con glaseado blanco/nata para representar el Sol.

Pintura de piedras

Recuerdo muy bien cuando coleccionaba piedras de niña. Las quería todas. Me gustaban especialmente las planas y lisas. Más tarde, ya de adolescente, durante las vacaciones de verano, me sentaba fuera y pintaba piedras que había recogido en mis paseos, como regalos para mi familia.

Puedes llevar esta actividad de pintar piedras al siguiente nivel mágico.

QUÉ NECESITARÁS:

* Piedras lisas y planas.
* Pintura acrílica.
* Rotuladores acrílicos.
* Barniz acrílico de fijación.
* Pincel.

Aquí tienes algunas ideas para crear una gran variedad de piedras increíbles.

Pinta o dibuja palabras poderosas (también conocidas como palabras de afirmación) en las piedras. Escribir una palabra «poderosas» ayuda de veras a reforzarla. El acto de pintar sobre una superficie natural como una piedra es calmante y absorbente.

Crea piedras que representen a diosas para exponerlas en tu altar.

Pinta animales espirituales de tus sueños.

Haz colecciones de guijarros estacionales, por ejemplo, nombrando todos los sabbats paganos.*

Crea diseños de sigilos mágicos con pintura dorada y plateada.

*LOS SABBATS PAGANOS SIGUEN AL SOL Y A LAS ESTACIONES PARA MARCAR FECHAS CLAVE ENTRE LOS DÍAS DE LUZ MÁS LARGOS Y LOS MÁS CORTOS (PLENO VERANO Y YULE). LOS FESTIVALES SE CENTRAN EN APROVECHAR EL PODER DE LA PRIMAVERA, EL VERANO, EL OTOÑO Y EL INVIERNO, DÁNDONOS PODER PARA TENER UNA CONCIENCIA MÁS PROFUNDA DE NUESTRA CONEXIÓN CON LA NATURALEZA Y ENTRE NOSOTROS.

Colgante del cedro resonante

En 2012 me embarqué en un viaje con mi familia al sur de Francia. Nuestra intención era unirnos a una comunidad ecológica y construir una casa en la tierra. Esto no fructificó; sin embargo, me regalaron un libro titulado *Los cedros resonantes de Rusia*. Los colgantes de cedro están diseñados para llevarlos al cuello y te animan a frotar el colgante para transferir los aceites naturales de tu dedo a la madera. Esto imprime en el colgante tu huella dactilar, tus aceites y tu energía únicos.

Llevar un objeto natural como éste te hace sentir relajada y menos inquieta. Con el tiempo, el colgante se oscurecerá de forma natural con tus aceites y se volverá más fragante.

Hice mi primer colgante con una rama de un cedro que había en el terreno donde vivía. Aún lo conservo. Cuanto más uses y toques el colgante, más oscura se volverá la madera.

No te preocupes si no tienes cedro; encontrar ramas caídas de tu zona puede servir igualmente.

Aquí tienes una lista de maderas
que son buenas para colgantes.

Olivo

Manzano

Cerezo

Fresno

Espino

Roble

QUÉ NECESITARÁS:

* ✳ Rama caída y curada (dejada secar/curar) de unos 2 cm de diámetro.
* ✳ Abrazadera.
* ✳ Una pequeña sierra de mano.
* ✳ Papel de lija grueso para lijar.
* ✳ Papel de lija fino para el acabado y el pulido.
* ✳ Cualquier aceite para madera no tóxico y natural, como el de oliva o linaza.
* ✳ Una gota de aceite esencial de cedro o del aroma que prefieras.
* ✳ Paño viejo de algodón o franela.
* ✳ Taladro de mano pequeño.
* ✳ Cadena de plata, cordón de cuero o cuerda natural.

PROCESO:

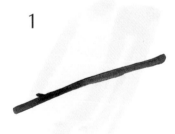

1

Elige una rama que esté bastante recta, para maximizar el número de piezas que puedes sacar de la rama.

2

Sujeta y sierra tu madera en trozos
de unos 5 mm de grosor.

3

Lija el reverso y el anverso de cada
trozo con papel de lija de grano grueso.
Disfruta del proceso de lijado.
Con papel de lija fino/medio, frota con
movimientos circulares para alisar
y pulir la madera.

4

Termina aceitando el colgante.
Sumerge un paño viejo de algodón
o franela en aceite de linaza, oliva
u otro aceite natural para madera y
pásalo suavemente por el colgante.
Deja que se seque del todo entre
aplicaciones. Recomiendo dar
varias capas. Añade gotas de aceite
perfumado durante este proceso.

5

Puedes crear tu colgante de varias
maneras. Puedes taladrar un agujero
verticalmente a través del trozo de
madera, u horizontalmente de delante
hacia atrás. También puedes atornillar
un ojal de bisutería al que sujetar
una cadena.

ACTIVIDAD COLOREA

ESCRIBE UNA
PALABRA
PODEROSA EN
LA CESTA

★ 86 ★

«SOY UNA HIJA DE
LA LUNA, CRIADA
POR EL SOL EN UN MUNDO
RECORRIDO POR ESTRELLAS
Y UN CIELO DIBUJADO
CON FLORES».

—Zara Ventris

El adivinador

Cuando le hablé de este libro a mi mejor amiga, enseguida me sugirió una actividad de «niña interior» llamada «adivinador» (también conocido como «atrapa piojos»). Recuerdo con cariño haber hecho mucho estas figuras de papel cuando era niña. Las utilizaba para hacer preguntas a mis amigos y descubríamos juntos las respuestas. Existe una magia sencilla y nostálgica en las manualidades de papel.

Un «adivinador» es básicamente un trozo cuadrado de papel doblado en forma tridimensional que puedes mover con los dedos. La idea principal es pedir al destinatario que seleccione las distintas opciones que ve en el adivinador, que entonces revela un reto divertido o una predicción.

Hay muchas variaciones que puedes hacer, como por ejemplo:

¿Cuál es tu aliado animal?

¿Cuál es tu número del destino, que está relacionado con tu camino vital?

Un mensaje del universo.

QUÉ NECESITARÁS:

* Un trozo de papel cuadrado.

* Bolígrafo y rotuladores para colorear.

PROCESO:

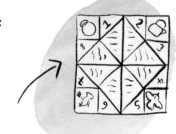

1

Basándote en la ilustración de la página anterior, añade cuatro imágenes distintas en las esquinas de un lado de tu cuadrado. A continuación, añade los ocho números en los triángulos. Por último, escribe un mensaje en cada uno de los ocho triángulos centrales; puede ser un pensamiento para el día o un mensaje de apoyo.

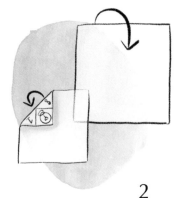

2

Da la vuelta al cuadrado y dobla las cuatro esquinas hacia dentro para que se junten en el centro. Todos los puntos deben tocarse, pero no perfectamente.

3

Vuelve a darle la vuelta a todo el cuadrado y repite el paso 2.

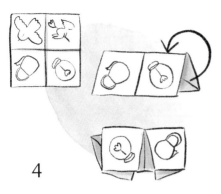

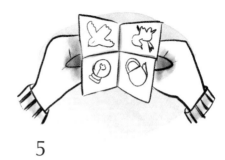

4

Vuelve a darle la vuelta a tu cuadrado y dóblalo por la mitad en cada sentido.

5

Coloca los dedos índice y pulgar de cada mano bajo las solapas de las esquinas izquierda y derecha.

6

Puede que tengas que manipularlo un poco para conseguir que el papel se abra y se cierre en las dos direcciones, como el pico de un pajarito.

CÓMO LEER LA ADIVINACIÓN:

1. ELIGE UN DIBUJO DE LA CAPA UNO Y ABRE Y CIERRA EL ADIVINADOR MIENTRAS DELETREAS LA PALABRA. POR EJEMPLO, PARA «BÚHO» LO ABRIRÍAS Y CERRARÍAS CUATRO VECES.

2. ELIGE UN NÚMERO DE LA SEGUNDA CAPA. ABRE Y CIERRA EL ADIVINADOR CON ESTE NÚMERO DE VECES.

3. ELIGE UN SEGUNDO NÚMERO, PERO ESTA VEZ ABRE DIRECTAMENTE LA SOLAPA CORRESPONDIENTE. ESTO REVELARÁ TU MENSAJE.

DÍA

Tu energía matutina puede informar en gran medida sobre cómo irá evolucionando el resto de tu día. La mañana encierra posibilidades de lo que está por venir. Cultiva rituales en tu rutina diaria para aumentar la energía positiva, y haz quizá algo un poco más especial cuando tengas tiempo libre o más espacio fuera del trabajo o tus obligaciones habituales.

Cada día de la semana encierra una energía y una asociación diferentes, así que quizá quieras utilizar esta energía para planificar un día especial y mágico, de ritmo más lento o en el que puedas ser más consciente.

Durante el día puedes utilizar la energía del Sol, sobre todo dentro y alrededor de casa. Es el momento en que una bruja puede limpiar la casa, barrer con la escoba e invitar a que entre nueva energía fresca en el espacio vital.

HÁBITOS MÁGICOS MATUTINOS

Tomar una decisión sobre cómo quieres empezar el día es muy poderoso. Hoy es un nuevo comienzo, un borrón y cuenta nueva; es una oportunidad para no preocuparte por el ayer y, en su lugar, fijar una nueva intención para el día que tienes por delante. El hogar de una bruja es un santuario para el descanso y la acción inspirada, así que ¿cómo quieres preparar tu mañana mágica?

A continuación, te presento algunas sugerencias basadas en lo que yo hago, pero tú puedes crear tus propios hábitos.

1

Un estiramiento matutino puede vigorizar tu cuerpo y despertarlo poco a poco.

2

El agua tibia con limón puede ayudar a promover una digestión saludable y te rehidratará después de dormir.

3

Escribir durante cinco minutos en un diario puede ayudarte a liberar todo lo que te hayas guardado el día anterior. Puedes fijar una intención poderosa sobre cómo quieres que te vaya el día, o anotar tres cosas por las que estás agradecida y reforzar los objetivos en los que estás trabajando actualmente.

4

Un lugar ordenado propicia un espacio más creativo. Limpiar tu casa con regularidad refrescará la energía y hará de ella un entorno más armonioso.

Hechizos de los días de la semana

Cada día de la semana está regido por un cuerpo celeste diferente y tiene muchas conexiones con hierbas, árboles, signos astrológicos, colores y símbolos.

Puedes aprovechar y utilizar la energía única de cada día de la semana para crear rituales o hechizos temáticos. Me gusta referirme a estos hechizos diarios como una dosis de magia práctica para utilizar a voluntad, cuando sientas una chispa de inspiración o cuando quieras centrarte en algo concreto.

QUÉ NECESITARÁS:

✶ Velas de colores (las de cumpleaños son una gran alternativa). Estos colores se asociarán a cada día de la semana. Ten en cuenta que cuando el hechizo requiere que esperes a que la vela se haya consumido por completo, no siempre es práctico; en ese caso, enciende la vela y observa cómo arde durante tres minutos para reforzar la magia.

✶ Sal.

✶ Tu aceite esencial preferido o uno que se corresponda con el día de la semana.

✶ Quemador de aceite para el agua y los aceites esenciales. Añade gotas de aceite esencial al agua colocada encima del quemador. A continuación, prende una vela de té (incolora está bien) debajo para calentar suavemente el agua y liberar los aromas.

✶ Cuadraditos de cartulina o de papel normal.

✶ Plumas de tinta de varios colores.

✶ Cristal correspondiente o cuarzo transparente.

✶ Un espejo.

ᗡOMINGO

**El domingo está regido
por el Sol, y es un gran día
para centrar tus hechizos en
atraer abundancia, felicidad,
salud o creatividad.**

COLORES:
Oro o amarillo

CRISTAL:
Ámbar, cornalina, topacio

INCIENSO Y ACEITES:
Canela, romero, incienso

Usa una vela amarilla/oro sobre un plato dorado. Rodéala con una línea de sal como protección. Si tienes flores amarillas, añádelas alrededor del borde. Enciende el quemador de aceite y añade unas gotas de aceite esencial. Enciende la vela y concéntrate en cómo sientes la abundancia (por ejemplo) en tu vida. Inspira y espira 20 veces.

Haz una pausa y siéntate un momento. Ahora puedes escribir en un papel cuadrado con tinta amarilla o dorada qué es lo que quieres atraer a tu vida.

Si no sabes qué escribir, usa un símbolo o sigilo de *disco*. Dobla el papel tres veces para reforzar la magia y coloca tu cristal encima. Espera tres minutos mientras arde la vela y luego limpia y ordena el espacio.

Repite en voz alta o mentalmente tres veces: «Que, en este bendito día, la abundancia, la salud y la felicidad entren en juego».

ℒUNES

El lunes está regido por la Luna, y es un gran día para centrarse en áreas como el trabajo onírico, que es tu capacidad para usar tu vasta imaginación durante el sueño y la meditación. La Luna también se asocia con el subconsciente, las emociones y la fertilidad.

COLORES:
Lila, plata, blanco

CRISTAL:
Piedra lunar, selenita, perla

INCIENSO Y ACEITES:
Jazmín, sándalo, lunaria, anís estrellado, goma mirra

Coloca una vela blanca en un plato (sirve de cualquier color o tipo). Rodéala con una línea de sal como protección. Si tienes agua de Luna (*véase el apartado «Agua de Luna»*), rocía un poco alrededor de la vela y sobre el papel; si no, utiliza sal. Enciende el quemador de aceite y añade unas gotas de aceite esencial. Enciende la vela delante de un espejo y concéntrate en lo que puedes sentir más que en lo que ves.

Inspira y espira 20 veces. Haz una pausa y siéntate un momento. Ahora puedes escribir en un papel cuadrado qué quieres que te revele la energía de la Luna.

Si no sabes qué escribir, usa un símbolo o sigilo del *caldero*. Dobla el papel tres veces para reforzar la magia y coloca un cristal encima. El mejor momento para hacer este hechizo sería bajo la Luna llena o menguante. Espera a que la vela se haya consumido por completo y luego limpia y ordena el espacio.

Repite tres veces en voz alta o mentalmente: «Que, en este bendito día, mi intuición y mi imaginación me guíen».

MARTES

El martes está regido por Marte, y es un gran día para centrarte en atraer el éxito o alcanzar un objetivo concreto o añadir una chispa de motivación a tu día.

COLORES:
Rojo, naranja

CRISTAL:
Piedra de sangre, granate, cornalina

INCIENSO Y ACEITES:
Sándalo, canela, incienso

Coloca una vela roja en un plato. Rodéala con una línea de sal como protección. Enciende el quemador de aceite y añade unas gotas de aceite esencial. Enciende la vela y concéntrate en lo que deseas atraer.

Inspira y espira 20 veces. Haz una pausa y siéntate un momento. Ahora puedes escribir en un papel cuadrado el área de tu vida en la que necesitas una chispa de motivación o éxito. Si no sabes qué escribir, utiliza el símbolo o sigilo de la *flecha*.

Dobla el papel tres veces para reforzar la magia y coloca un cristal encima. El mejor momento para hacer este hechizo sería bajo la Luna llena o creciente.

Espera a que la vela se haya consumido por completo y luego limpia y ordena el espacio.

Repite tres veces en voz alta o mentalmente: «En este bendito día, que mi éxito y mi motivación entren en juego».

MIÉRCOLES

El miércoles está regido por Mercurio, así que un buen foco para tus hechizos sería todo lo relacionado con la adivinación, la comunicación, el conocimiento y los negocios.

COLORES:
Amarillo

CRISTAL:
Jaspe amarillo, cuarzo, ópalo

INCIENSO Y ACEITES:
Anís estrellado, lavanda, regaliz

Coloca una vela amarilla en un plato. Rodéala con una línea de sal como protección. Enciende el quemador de aceite y añade unas gotas de aceite esencial.

Enciende la vela e inspira y espira 20 veces. Haz una pausa y siéntate un momento. Ahora puedes escribir en un papel cuadrado qué es lo que quieres resolver, remediar o atraer.

Si no sabes qué escribir, utiliza un símbolo o sigilo del *báculo* (que represente el enfoque). Dobla el papel tres veces para reforzar la magia y coloca un cristal encima. Déjalo durante al menos 24 horas. El mejor momento para hacer este hechizo sería justo antes de tener una entrevista o un acontecimiento importante que requiera tu concentración y focalización.

Espera a que la vela se haya consumido por completo y luego limpia y ordena el espacio.

Repite tres veces en voz alta o mentalmente: «Que, en este bendito día, la claridad y la conexión entren en juego».

JUEVES

El jueves está regido por Júpiter, así que es el momento ideal para probar hechizos centrados en el éxito, el trabajo, la familia, el crecimiento espiritual y la expansión.

COLORES:
Morado/azul oscuro

CRISTAL:
Lapislázuli, topacio azul, zafiro

INCIENSO Y ACEITES:
Cedro, pino, almendra dulce

Coloca una vela azul en un plato. Rodéala con una línea de sal como protección. Enciende el quemador de aceite y añade unas gotas de aceite esencial.

Enciende la vela e inspira y espira 20 veces. Haz una pausa y siéntate un momento. Ahora puedes escribir en un papel cuadrado qué es lo que quieres hacer crecer, amplificar o expandir.

Si no sabes qué escribir, utiliza un símbolo o sigilo del *tambor* (que represente tu ritmo único). Dobla el papel tres veces para reforzar la magia y coloca un cristal encima. Espera a que la vela se haya consumido por completo y luego limpia y ordena el espacio. El mejor momento para hacer este hechizo sería durante la Luna creciente.

Repite tres veces en voz alta o mentalmente: «En este bendito día, el crecimiento y la expansión entran en juego».

VIERNES

El viernes está regido por Venus, así que es el momento ideal para probar hechizos centrados en el amor, el equilibrio, el arte, la belleza, las relaciones y los placeres.

COLORES:
Verde o rosa

CRISTAL:
Fluorita verde, esmeralda, malaquita

INCIENSO Y ACEITes:
Lila, frambuesa, vainilla, violeta

Coloca una vela verde o rosa en un plato. Rodéala con una línea de sal como protección. Enciende el quemador de aceite y añade unas gotas de aceite esencial.

Enciende la vela e inspira y espira 20 veces. Haz una pausa y siéntate un momento. Ahora puedes escribir en un papel cuadrado qué es lo que quieres atraer; ¿será amor romántico, talento artístico, relaciones armoniosas o amistades profundas?

Si no sabes qué escribir, utiliza el símbolo o sigilo de una *rosa* (que representa el amor). Dobla el papel tres veces para reforzar la magia y coloca un cristal encima. Espera a que la vela se haya consumido por completo y luego limpia y ordena el espacio. El mejor momento para hacer este hechizo sería durante la Luna creciente y llena.

Repite tres veces en voz alta o mentalmente: «En este bendito día, que el amor y el equilibrio entren en juego».

SÁBADO

El sábado está regido por Saturno, y es el momento ideal para probar hechizos centrados en la protección, la perseverancia, la estabilidad, el karma y la desintoxicación.

COLORES:
Añil

CRISTAL:
Cuarzo ahumado, hematita, ónice

INCIENSO Y ACEITES:
Ciprés, eneldo, pachulí, romero

Coloca una vela azul/índigo en un plato. Rodéala con una línea de sal como protección. Enciende el quemador de aceite y añade unas gotas de aceite esencial.

Enciende la vela e inspira y espira 20 veces. Haz una pausa y siéntate un momento. Ahora puedes escribir en un papel cuadrado aquello de lo que quieres liberarte, protegerte o expulsar de tu vida.

Si no sabes qué escribir, utiliza un símbolo o sigilo de *cuerda* o cadena (que represente protección). Dobla el papel tres veces para reforzar la magia y coloca un cristal encima.

Espera a que la vela se haya consumido por completo y luego limpia y ordena el espacio. El mejor momento para hacer este hechizo sería durante la Luna menguante.

Repite tres veces en voz alta o mentalmente: «Que, en este bendito día, cualquier energía negativa se vaya y no se quede».

Amuleto para atraer dinero

¿Cuándo fue la última vez que limpiaste tu cartera o monedero?
Si quieres cambiar la energía en torno a tu capacidad para atraer más
dinero a tu vida, lo primero que debes hacer es mejorar tu relación
con el dinero y la energía de la riqueza y la abundancia.
Esto significa que debes respetar tu cartera o monedero
como un portal para recibir riqueza.

Llevo desde hace años una moneda de plata en la cartera; le dice a mi mente subconsciente que siempre tengo dinero y que estoy abastecida. Puedes fabricar un amuleto mágico personalizado que esté programado con tu modelo único para atraer el dinero.

La mejor forma de crearlo es cuando te sientes muy presente y positiva respecto a tu relación con el dinero. Cuando hagas un amuleto, se te recordará lo fácil que es que el dinero venga a ti (flujo de dinero) y que si no opones resistencia, puedes confiar en que el universo te lo proporcionará.

Si tienes la firme intención de atraer una determinada cantidad de dinero, utiliza ese número en tu amuleto.

QUÉ NECESITARÁS:

✦ Bolígrafo dorado y un trocito de papel.

✦ Una pequeña gema tallada de citrino.

✦ Una hoja de laurel seca y tres pipas de girasol.

✦ Un cuadradito de tela, a poder ser de fibra natural (10 x 10 cm).

✦ Cinta o hilo dorado (representa el Sol y la prosperidad).

PROCESO:

1 Coloca todos los elementos sobre una mesa que reciba luz solar natural.

2 Con tu bolígrafo dorado, escribe en el papel lo que ya has manifestado en el momento presente. Por ejemplo: «Estoy muy agradecida por el dinero que sigue manteniéndome y fluyendo en mi dirección»; o puedes escribir una cifra que estés centrada en atraer.

3 Dobla el papel tres veces (para reforzar la magia).

4 Coloca un cristal encima, seguido de la hoja de laurel y las pipas de girasol.

5 Recoge el cuadrado de tela dándole forma de bolsa, incluyendo todos los objetos que contiene, y átalo tres veces con la cinta o el hilo dorados.

6 Cierra los ojos e inspira y espira 20 veces, mientras colocas las manos sobre la bolsa.

7 Limpia el amuleto utilizando una varita limpiadora (véase el apartado «Varitas purificadoras de la bruja buena») antes de colocarlo en tu cartera o bolso.

UN AÑO DE ALTARES MÁGICOS

La *wicca* utiliza tradiciones espirituales para expresar la relación sagrada de una religión autodirigida, sin reglas formales. Se centra mucho en la naturaleza y en cultivar la propia confianza mágica, lo que significa que es accesible a muchas aspirantes a brujas o a quienes sólo buscan una conexión más profunda con ellas mismas y con el mundo natural que las rodea. La *wicca* abraza la naturaleza cíclica del crecimiento interior y exterior, lo que hay dentro de nosotros y cómo nuestras prácticas y creencias pueden dar forma al mundo exterior.

Los ocho *sabbats* (fiestas o festivales) del año se basan en tradiciones ancestrales que aprovechan la energía en momentos clave del año solar, y se representan como una rueda. Crear un altar en tu casa es una forma hermosa de celebrar cada uno de los *sabbats*. Aporta una nueva estética a tu espacio vital, lo que despierta aún más la creatividad y tu relación mágica con el espíritu y la naturaleza.

Aquí tienes una invitación para colorear y decorar estos ocho altares inspirados en los *sabbats*. Es una actividad de atención plena, pero también te ayudará a recordar los nombres y horarios de los *sabbats*, por si deseas celebrarlos y crear tus propios altares temáticos. He incluido las fechas aproximadas asociadas a estos festivales de la naturaleza; sin embargo, la energía de celebración está diseñada para ser celebrada durante un mes como mínimo y dependerá del lugar del mundo en el que te encuentres.

SAMHAIN: cae entre el equinoccio de otoño y Yule.

Samhain es el «Festival de los Muertos», y para las brujas es una época realmente mágica en la que se puede honrar a los antepasados y homenajear a la diosa Crona, que representa los ciclos de la vida y la muerte. Samhain, en su sencillez, anuncia el «cambio» y que el invierno está a la vuelta de la esquina. Se celebra el 31 de octubre (1 de mayo en el hemisferio sur).

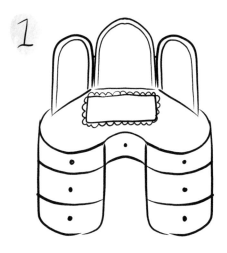

YULE/SOLSTICIO DE INVIERNO: 21/22 de diciembre (21/22 de junio en el hemisferio sur)

Yule también se conoce como pleno invierno y marca el día de luz más corto del año. Esto significa que los días más oscuros pronto terminarán y volverá el Sol. En esta época se disfrutan de celebraciones cálidas y cordiales con amigos y familiares. La bruja presta atención a las plantas y árboles de hoja perenne y crea nuevos proyectos e ideas durante una época más ociosa.

IMBOLC: 1/2 de febrero (1/2 de agosto en el hemisferio sur)

Imbolc marca el retorno de la luz y la vida. Empiezan a aparecer pequeños brotes y nacen los primeros corderos del año. Durante esta época se honra a santa Brígida, diosa de la metalistería, la partería, la poesía y la creatividad. Para las brujas, simboliza la llama eterna de la creatividad y el poder curativo.

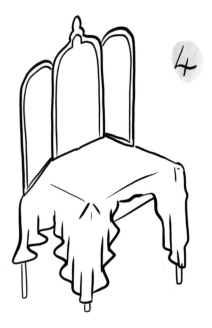

OSTARA/EQUINOCCIO DE PRIMAVERA: 21/22 de marzo (21/22 de septiembre en el hemisferio sur)

Llega el equinoccio de primavera, que representa el equilibrio entre la luz y la oscuridad. Ahora la atención se centra en el crecimiento. La naturaleza experimenta una gran explosión de energía en este momento. La icónica danza y lucha de las liebres de marzo para encontrar pareja y la Luna llena madura son símbolos de fertilidad y de nuevas ideas que fructifican. Se pueden pintar huevos y crear altares de celebración inspirados en la Ostara para abrazar plenamente esta época mágica de potencial.

BELTANE: 1 de mayo (31 de octubre en el hemisferio sur)

Beltane es uno de los *sabbats* más bonitos y coloridos. Representa la llegada del verano. Se encienden hogueras para atraer la buena voluntad a todos. Las brujas suelen recoger las flores de mayo al anochecer y se decoran palos de mayo. Es la fiesta asociada a la unión del hombre y la mujer y a la transición de la primavera al verano.

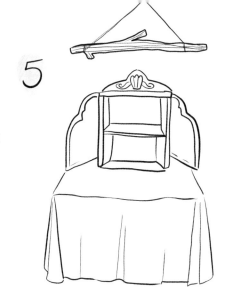

LITHA/SOLSTICIO DE VERANO: 21/22 de junio (21/22 de diciembre en el hemisferio sur)

El solsticio de verano es opuesto a Yule y marca el día más largo de luz solar. Este *sabbat* invoca al Sol para que aporte fuerza espiritual y un significado más profundo a nuestros caminos vitales. Se disfruta comulgando en lugares de significado espiritual, como Stonehenge en Inglaterra.

LUGHNASADH O LAMMAS: 1/2 de agosto (1/2 de febrero en el hemisferio sur)

Lughnasadh es la fiesta de la cosecha y cae entre el solsticio de verano y el equinoccio de otoño. Se recogen las fructíferas cosechas de verano y se comparten con las familias y las comunidades. Marca la dedicación al crecimiento y la importancia de compartir la propia cosecha con los demás. Para las brujas, el *sabbat* también representa un cambio estacional y un ritmo más lento. Es un momento para honrar a la Gran Madre Gaia por los alimentos y productos que regala a toda la tierra.

MODRON, MABON O EQUINOCCIO DE OTOÑO: 21/22 de septiembre (21/22 de marzo en el hemisferio sur)

Modron está enfrente del equinoccio de primavera en la rueda, donde la luz del día y la oscuridad son iguales. Es el momento de honrar la tierra y disfrutar de la colorida comida otoñal. Las manzanas figuran en los rituales de las brujas por su simbolismo: se cree que representan el umbral entre nuestra realidad y el mundo sobrenatural. A medida que los días se acortan y la luz parece desvanecerse, es una época de gran creatividad, en la que la atención se centra en la preparación para el invierno.

«BUSCARÉ
FOCOS DE MAGIA
CADA DÍA».

—Jo Cauldrick

¿QUÉ ZONAS DE MI CASA NECESITAN MÁS ATENCIÓN?

¿EN QUÉ ME GUSTARÍA CENTRARME PRIMERO?
¿CÓMO ME HARÁ SENTIR?

HERRAMIENTAS DE BRUJA

Con el tiempo, cada bruja encontrará una selección de
herramientas que le ayudarán a mejorar su práctica.
Aquí se ilustran algunas de ellas. ¿Cuáles son
las que más te atraen? ¿Qué añadirías?

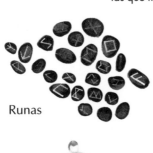

Runas

Sales de baño

Escobón

Caldero

Tetera adorada

Velas naturales

Mortero

Libros mágicos

Cesta de bruja

Colección de
cristales de calidad

Diario

Aceites esenciales

Cartas de tarot/
oráculo

Pluma

Plantas de interior

Hierbas

Plato lunar

**Este precioso proyecto requiere arcilla de secado al aire para hacer
un plato largo de bordes curvos en el que colocar tu varita de limpieza
después de usarla. Será tan hermoso que querrás exhibirlo en tu altar
todo el año.**

La arcilla de secado al aire (elemento Tierra) es imprescindible para toda
bruja mañosa; es asequible, fácil de conseguir y puedes crear pequeños proyectos mágicos que harán que tu hogar sea más único. Si quieres hacer una
actividad durante la Luna llena, ésta sería perfecta, sobre todo bajo un signo
de Tierra, como Tauro, Virgo o Capricornio.

Llevo años utilizando arcilla de secado al aire y me encanta desde que era
pequeña. Durante las vacaciones de verano, me sentaba en la mesa del jardín y hacía cuentas de arcilla o pequeños platos durante horas. Se secaban
rápidamente al Sol y yo las pintaba al día siguiente.

QUÉ NECESITARÁS:

* Un tapete lavable para proteger tu mesa
o superficie.

* 1 paquete de arcilla de secado al aire
(blanca).

* Un cuchillo pequeño para cortar.

* Un rodillo, pero también puedes utilizar
una botella vacía.

* Pinturas acrílicas (para esta actividad

utilicé negro, dorado y capa base
blanca).

* Pinceles, uno de cerda plana
y otro más fino para los detalles.

* Paño suave.

* Papel de lija (opcional).

* Barniz acrílico.

PROCESO:

1 Lávate las manos y prepara la superficie para el tapete y luego la arcilla.

2 Corta un trocito de arcilla del tamaño de una pelota de golf y vuelve a sellar el paquete de arcilla para que no se seque mientras trabajas.

3 Aplasta la arcilla entre las manos para darle flexibilidad y calor. Si está demasiado seca, salpícala con un poco de agua.

4 Empieza a extenderla con el rodillo y dale la vuelta de vez en cuando para que se extienda por igual. Estira hasta que la arcilla tenga aproximadamente 1 cm de grosor.

5 Si necesitas más arcilla, añade más ahora y repite el paso 4.

6 Ahora vas a crear una forma rectangular, pero con los bordes curvados. Piensa en tu varita limpiadora acomodada sobre el plato. Debe ser lo suficientemente largo como para soportar la varita. El mío mide aproximadamente 6 x 13 cm. Puedes cortar una forma aproximada y empezar a moldear los extremos hacia arriba para crear un pequeño borde.

7 Va a tener un bonito borde irregular que le dará ese aspecto orgánico, así que recuerda divertirte y no intentes que quede perfecto.

8 Cuando estés satisfecha con la forma, deja que se seque durante 24 horas.

9 Pasa un paño suave por el plato seco para eliminar cualquier residuo.

Si quieres bordes más lisos, utiliza un poco de papel de lija fino.

10 Ahora puedes pintar tres pequeñas lunas. Utiliza la pintura negra para representar la sombra de la Luna y la pintura dorada para el brillo de la Luna.

11 Ahora, con un pincel más fino, añade el dorado al borde del plato.

12 Añade ahora dos capas de barniz, dejando secar la primera antes de aplicar la siguiente.

NOCHE

La hora nocturna suele anunciar «magia». Suele significar el final de las horas de actividad (reino consciente) y el comienzo de las horas de descanso y restauración (reino subconsciente).

Dedicar tiempo a la magia sencilla es esencial para darse cuenta de lo que es importante en la vida. En este capítulo final, he seleccionado algunos bellos rituales de artesanía y autocuidado que nutrirán tu mente, cuerpo y alma.

Algunas noches tendrán cierto tipo de magia; puede que haya Luna llena o un resplandor etéreo en el cielo, y puede que sientas deseos de escribir en tu diario o hacer una lectura del tarot o del oráculo. Otras veces, simplemente querrás sentarte tranquilamente y no hacer gran cosa.

A veces, hacer planes mágicos secretos para una noche especial puede aportarte concentración y algo que desear.

SIGNIFICADO DE LOS ANIMALES

Aquí tienes 21 animales y sus significados espirituales.
¿Ha aparecido alguno de ellos en tus sueños, o en tu vida,
recientemente? Busca animales que se crucen en tu camino
o que aparezcan en forma de arte, joyas, herramientas
de adivinación, oráculos, y demás.

Cuando veas estos animales o un símbolo de ellos,
estos son sus mensajes para ti.

ABEJA. Eres comunicativa, trabajadora, adaptable y afortunada.

ARDILLA. Eres juguetona, prudente, organizada y eficiente.

BALLENA. Eres comunicativa, espiritual, sabia y cariñosa.

BÚHO. Eres intuitiva, estás en sintonía con tu entorno, eres inteligente y resiliente.

CABALLO. Eres compasiva, espiritual, sensible y afable.

CISNE. Eres fiel, adaptable, dedicada y visionaria.

CUERVO. Tienes grandes capacidades psíquicas, eres fuerte de voluntad y flexible.

ERIZO. Eres cariñosa, relajada, encantadora y amable.

GATO. Eres mágica, misteriosa, independiente y creativa.

LIBÉLULA. Eres sabia por encima de tu edad, de espíritu libre y afortunada.

LOBO. Confías en ti misma, eres instintiva, inteligente y disciplinada.

MARIPOSA. Eres grácil, adaptable, inteligente y expresiva.

NUTRIA. Eres curiosa, flexible, alegre y colaboradora.

OSO. Eres fuerte, estás conectada a la Tierra y tu determinación superará los retos.

OVEJA. Eres humilde, realista, valiente y compasiva.

PERRO. Eres leal, responsable, dedicada y cariñosa.

POLILLA. Eres intuitiva, generosa, digna de confianza y optimista.

RANA. Eres humilde, paciente y sabia. Estás dotada de buena fortuna.

TEJÓN. Eres decidida, comprometida, segura de ti misma y orientada a la acción.

VENADO. Eres fuerte, pero sensible, amable y tierna.

ZORRO. Eres inteligente, observadora, comprometida y adaptable.

Sales de baño de Luna nueva y Luna llena

Los baños de Luna son una oportunidad para invitar a la magia a tu casa. Es una experiencia muy especial encender velas, llenar tu bañera con una poción casera y saber que este momento es totalmente para ti. No es sólo cuidado personal, es cuidado del alma. No sólo estás trabajando con los elementos de Agua y Fuego (con la llama de las velas), sino que estás creando un momento perfectamente sincronizado con la Luna, para relajarte y aprovechar tu creatividad infinita.

Solía cuidar la casa de una mujer que vivía en una cabaña de paja de 400 años de antigüedad con un jardín de rosas exquisito. Cuando a las rosas se les caían los pétalos, las recogía y las colocaba en bandejas para que se secaran al Sol. Cuanto más oscuros fueran los pétalos, más vivo sería el color al secarse. También recogía enormes manojos de lavanda francesa para secarlos.

Pensaba concretamente en crear sales de baño lunares con las rosas, que representan la belleza y la abundancia. Secaba puñados de pétalos para poder utilizarlos como parte de un ritual de baño de Luna llena y Luna nueva, y guardaba los sobrantes para proyectos posteriores.

Todo este proceso me parecía divinamente mágico, sobre todo porque estaba haciendo las sales de Luna desde cero y con una intención amorosa. Aquí comparto contigo una receta de sales de baño lunares fácil y nada sofisticada, pero supermágica, que yo utilizo personalmente.

QUÉ NECESITARÁS:

* 100 g de sales de Epsom/sal rosa del Himalaya.
* 2 cucharadas de lavanda seca.
* 2 cucharadas de pétalos de rosa secos.
* Mortero (o batidora eléctrica).
* Tarro de cristal con tapa.
* 5 gotas de aceite esencial de rosa.
* 5 gotas de aceite esencial de lavanda.

Nota: los aceites esenciales son fuertes, así que sigue siempre las instrucciones de uso.

PROCESO:

Coloca las sales y las flores secas en un mortero, así podrás moler los ingredientes hasta obtener una consistencia más fina. Utilizar el mortero es un proceso más lento y tradicional que usar una batidora convencional, pero también se puede utilizar.

Cuando las sales y los pétalos tengan una consistencia más fina, vierte la mezcla en un tarro de cristal. Ahora puedes añadir tus aceites esenciales. Con una cuchara, remueve y mezcla suavemente para que los aceites se distribuyan por igual.

BOLSITAS DE DUCHA LUNAR:

SI NO TIENES ACCESO A UNA BAÑERA, PUEDES CREAR BOLSITAS DE DUCHA LUNAR. SIGUE HACIENDO ESPECIAL LA EXPERIENCIA AÑADIENDO PLANTAS, CRISTALES Y VELAS SI LO DESEAS, Y LUEGO RELLENA UN CUADRADO DE ALGODÓN/MUSELINA CON LAS HIERBAS Y FLORES DE LA RECETA DE SALES DE BAÑO LUNAR ANTERIOR. DEJA CORRER EL AGUA SOBRE LA BOLSITA PARA LIBERAR LOS AROMAS.

Si utilizas cabezas de flores grandes como parte de tu ritual de baño de Luna, puedes utilizar una pequeña red o colador para capturar los pétalos al final del baño.

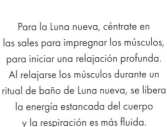

Para las sales de baño de Luna llena: añade más flores y aroma de rosa y lavanda. Esto amplifica la abundancia y la capacidad de manifestación. Las flores evocan naturalmente un sentimiento de belleza, expresión y celebración, que también está fuertemente asociado a la Luna llena.

Para la Luna nueva, céntrate en las sales para impregnar los músculos, para iniciar una relajación profunda. Al relajarse los músculos durante un ritual de baño de Luna nueva, se libera la energía estancada del cuerpo y la respiración es más fluida.

Para ambas recetas, añade un puñado o dos de las sales de baño lunar al agua corriente y remueve con la mano en el sentido de las agujas del reloj para liberar los aromas.

Puedes añadir una cucharada de eucalipto seco, una cucharada de romero o una cucharada de menta. A mí también me gusta añadir una cucharadita de agujas de pino secas. Añade entre 5 y 10 gotas del aceite esencial que prefieras.

LA MAGIA DE LAS VELAS DE COLORES

A todas las brujas les encantan las velas. Desempeñan un papel primordial en la realización de hechizos y rituales porque son un símbolo de iniciación. Una vela representa el elemento Fuego, y combinada con un color determinado puede ayudarte a concentrarte en un trabajo mágico, como la curación, la manifestación, la resolución de problemas, la purificación o simplemente a crear un estado de ánimo específico.

Las velas se presentan en una gran variedad de colores y aromas, y son fáciles de conseguir. También puedes utilizar velas de té de colores.

Utiliza estas páginas como referencia de los colores y sus significados la próxima vez que realices un hechizo, o quizás cuando planees un baño de Luna o vistas tu altar para adaptarlo a la estación.

Rojo

Se utiliza para potenciar la energía, inspirar la acción, aumentar el impulso para iniciar proyectos y para crear hechizos de amor romántico basados en una profunda conexión espiritual, en lugar de en la lujuria.

Rosa

Las velas rosas representan una energía más suave, que puede inspirar sentimientos de amor incondicional, amistad y feminidad sensual.

Azul

El azul muy pálido emula una sensación de paz y tranquilidad, ideal para crear un espacio en el que meditar o durante un baño relajante.

Amarillo

El color del Sol, que representa la mente consciente y tu conciencia. Usa una vela amarilla durante un eclipse solar, pero también durante rituales en los que busques ayuda con la memoria, el estudio o tareas que requieran un enfoque más lógico.

Púrpura

Se asocia con la realeza y la autoridad. Puedes utilizar una vela púrpura para darte poder y potenciar tus capacidades psíquicas.

Verde

El color instintivamente vinculado al crecimiento, las ideas florecientes y la creatividad. Las velas verdes son perfectas para realizar hechizos y rituales con la intención de curar o regenerar.

Naranja

Es un aliado amistoso y puedes usarlo para reconfortarte, inspirarte y aportarte claridad si te sientes abrumada. Enciende una vela naranja para invitar a la creatividad y a la sensación de recibir un gran abrazo cálido.

Blanco

Representa la Luna, pero también denota inocencia, pureza y claridad. Es ideal encender velas blancas para crear rituales de protección para tu hogar. El blanco da elegancia y sensación de magia a cualquier habitación.

Negro

Es un color que debe utilizarse con prudencia durante los hechizos de destierro, pero también puede emplearse durante la Luna menguante y la Luna nueva, porque representa la ausencia de luz. Es un color fantástico para cuando quieras liberarte de patrones de pensamiento negativos, o si te encuentras mal y necesitas eliminar esa energía. El negro absorbe la energía negativa, así que asegúrate de limpiar tu espacio antes y después de un ritual o hechizo.

Marrón

Te baja a la tierra y puede inspirar sentimientos de seguridad, estabilidad y control. Es ideal utilizar este color de vela junto con el naranja y el blanco para bendecir una casa.

Agua de Luna

El agua de Luna puede aplicarse en los puntos de pulso, que son aquellos por los que la sangre circula más cerca de la superficie de la piel, como las muñecas, detrás de las orejas y las sienes.

El agua de Luna también puede utilizarse para limpiar tu casa y los objetos que hay en ella. Personalmente, suelo utilizarla para regar las plantas, y a menudo la rocío alrededor de la puerta de entrada, para aumentar la protección y las buenas vibraciones.

Las brujas practicantes utilizan el agua de Luna desde hace siglos por su asociación mágica con el amor, la abundancia y el poder de manifestación.

No es necesario hacer agua de Luna durante un eclipse. Los eclipses se asocian con lo que está oculto; la atención se centra más en liberar lo que ya no sirve y menos en amplificar y celebrar.

El agua de Luna es una de las que más me gusta crear. Llevo años compartiendo mi proceso con mi público. El momento oportuno es un elemento importante para crear agua sagrada infundida de Luna, pero, sobre todo, es la intención que mantienes en tu cuerpo y cómo programas el agua lo que te dará los mejores resultados.

La Luna representa el subconsciente y el agua los reinos de las emociones que no se ven o están ocultas. Crear agua de Luna con regularidad ofrece una oportunidad mágica de profundizar en tu relación con la Luna, y de utilizar el elemento agua y tu subconsciente para generar abundancia y alegría en tu vida consciente.

QUÉ NECESITARÁS:

* Cabeza despejada y actitud tranquila.

* Un recipiente de cristal, plata o cerámica. Yo utilizo una botella de cristal con tapa de corcho natural.

* Un cristal transparente. Los cristales transparentes tienen un poder más puro y son perfectos para cargarlos con la luz de la Luna llena. Cargar un cristal significa que se ha limpiado y restablecido de su uso anterior, o que su poder se ha amplificado.

* Una varita de cuarzo (opcional).

PROCESO:

Cuando manipules el agua que se cargará con la Luna, es preferible que estés descalza y te hayas lavado las manos y los pies. Recoge el agua de una fuente natural, donde el agua esté *viva*. Recoger agua de lluvia también está bien. Si no puedes encontrar agua natural, bastará con agua filtrada o destilada.

Con la primera luz de la Luna creciente, empieza a añadir agua a tu botella. Añádela en pequeñas cantidades a medida que la Luna vaya creciendo. Hay aproximadamente 11 días desde la Luna creciente hasta la Luna llena.

Coloca el agua de Luna en el exterior, a poder ser sobre granito/piedra o material natural y lo más alto posible.

Vuelve a llevar el agua de Luna al interior durante el día. Repite este proceso hasta la Luna llena. Lávate las manos y los pies y siéntate con el recipiente de agua en las manos. Intenta estar presente. Si no sabes qué decir, o no tienes una intención definida, basta con que te sientes con el agua y la Luna. Es algo muy poderoso y, si lo haces con regularidad, te inundarán las percepciones sobre la naturaleza de tu realidad.

Puedes añadir el agua de Luna a un pulverizador con hierbas o aceites esenciales para crear una bruma armoniosa en la habitación, o aplicártela en las sienes, el pecho, la barriga y las muñecas para reforzar la buena salud, la riqueza y la abundancia.

¿QUÉ ME HACE SENTIR CÓMODA Y SEGURA?

MEDITACIÓN GUIADA

**Es importante que dediques tiempo a ti misma durante la Luna nueva,
para centrarte en cómo quieres que sea esta próxima fase lunar...
y qué es lo que quieres atraer a tu vida.**

· ·

Empieza purificando toda tu aura, que es el campo energético que rodea tu cuerpo, empezando por la parte superior de la cabeza.

Imagina una onda de luz cálida y dorada que te toca suavemente la cabeza y desciende por el cuello, los hombros y el pecho.

Es como un cálido abrazo.

A medida que la onda de luz dorada desciende por el corazón, el estómago, las caderas, los muslos, las rodillas y pasa por los pies, te sientes aliviada y tu mente se aclara y se libera de pensamientos limitadores.

Inspira profundamente y mantén la respiración durante tres segundos:
1... 2... 3.

Espira y concéntrate en todo el aire que expulsan tus pulmones. Ahora inspira la energía libre de la Luna nueva: 1... 2... 3.

Observa tu cuerpo y prepárate para este próximo ciclo lunar, lista para entrar en una versión mejorada de ti misma.

Visualiza que estás en un bosque antiguo. Es el atardecer y el cielo se oscurece poco a poco.

Una a una, tus estrellas y constelaciones favoritas empiezan a aparecer como amigos que se unen a una reunión.

La tierra es blanda y musgosa y caminas descalza hasta un claro rodeado de robles y acebos centenarios.

En el centro te espera un fuego crepitante. Te sientas cómodamente junto al fuego. Imagina que suena una música suave.

Miras fijamente al fuego.

Visualizas tus sueños creativos.

Ves danzar las llamas.

Sientes la pasión hacia las ideas que tienes. Pides la motivación y las chispas de energía necesarias para empezar nuevos proyectos o iniciar nuevos hábitos.

Coges una varita del bosque y la sostienes en la mano. Las llamas lamen el aire y alcanzan las estrellas.

Da tres vueltas con la varita en el sentido de las agujas del reloj delante de las llamas para atraer la abundancia magnética.

Libérate con la exhalación.

Inhala y exhala con intención tres veces más para terminar esta meditación.

Diario de Luna nueva

Cada año hago un cuaderno de tamaño A5 específicamente para anotar mis objetivos de Luna nueva. Anoto mis intenciones y objetivos en mi diario de Luna nueva como afirmaciones poderosas, como si el deseo ya se hubiera cumplido.

Realmente creo que si empiezas a escribir regularmente en un diario como éste, puedes crear cambios profundos en tu vida. Por ejemplo, hace varios años registré en mi diario de Luna nueva que crearía mi primer libro y trabajaría con un editor increíble. Estaba tan convencida de que eso iba a ocurrir que, en ese momento de Luna nueva, supe lo que sentiría al hacer realidad ese sueño. Fue hermoso encontrar mi diario de Luna nueva y releer algunas de las intenciones que tenía; muchas de ellas se habían hecho realidad.

CONSEJO: PUEDES CREAR UN MINIPANEL DE VISUALIZACIÓN AL PRINCIPIO DE CADA DIARIO, O HACER UN MINIDIARIO PARA CADA LUNA NUEVA. SACA FOTOS DE REVISTAS QUE TE INSPIREN PARA ALCANZAR UN DETERMINADO OBJETIVO O IMPRÍMELAS DE INTERNET. TU OBJETIVO ES CREAR UNA HERRAMIENTA VISUAL A LA QUE PUEDAS RECURRIR CUANDO NECESITES UN RECORDATORIO DE HACIA DÓNDE DEBE IR TU ENFOQUE.

Céntrate en eliminar los viejos patrones de pensamiento que te han estado frenando. Considera este momento como un nuevo comienzo, y con él una energía renovada que te ayudará a solidificar lo que quieres y hacia dónde quieres dirigirte. He incluido las influencias zodiacales de la Luna nueva para darte más ideas sobre en qué centrarte. Cada dos o tres días, la Luna pasará por un signo zodiacal distinto.

Por ejemplo: cuando hagas planes para el nuevo ciclo lunar bajo la Luna nueva, puedes tener en cuenta el signo astrológico actual. Así, si la Luna nueva está en Aries, puedes utilizar la influencia del fuego para poner en marcha un proyecto.

QUÉ NECESITARÁS:

✳ Papel blanco estándar A4.

✳ Hilo encerado o hilo de bordar.

✳ Aguja fuerte.

✳ Tijeras.

✳ Clips.

✳ Una aguja de zurcir gruesa para hacer los agujeros.

En tu diario puedes escribir:

Luna nueva en Aries (y la fecha).

Estoy canalizando mi energía hacia…

Utilizaré esta energía de Aries para poner en marcha…

Mis tres objetivos principales durante este próximo ciclo lunar son…

PROCESO:

1

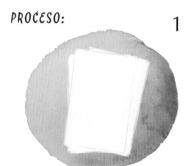

Empieza con 10 hojas de papel sueltas
(yo corté cinco hojas A4 por la mitad
para hacer un diario más pequeño).
Júntalas y dóblalas por la mitad.

2

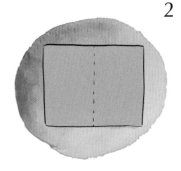

Abre el papel doblado y sujétalo por
ambos lados, para que no se mueva
durante la costura. Marca agujeros con
una regla a lo largo del pliegue central.
Utiliza las agujas de zurcir para hacer
los agujeros. Con cinco agujeros bastará.

3

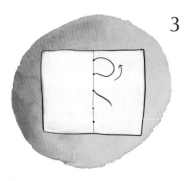

Enhebra la aguja, pero no anudes el
extremo. Empieza por el agujero central
interior, pasa el hilo por el exterior,
dejando 5 cm de hilo en el interior
(lo necesitarás más tarde).

4

Manteniendo las páginas apaisadas,
cose primero hacia la derecha de tu
diario, luego hacia el centro y repite
hacia la izquierda.

5

Una vez hecho esto, cose de nuevo hacia el agujero central con el que empezaste. Gira el diario de delante a atrás mientras trabajas, para que sea más fácil ver las puntadas.

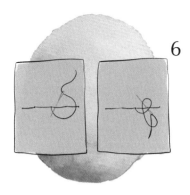

6

En la última puntada, cose hacia el exterior y haz un nudo (no cortes el hilo todavía). Ahora pasa el hilo hacia el interior, donde te queda el trozo de cordón. Tira suavemente del extremo del hilo a través de las páginas y átalo con el cordón interior. Mete los extremos y corta.

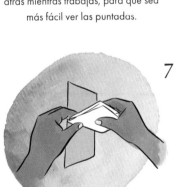

7

Dobla los papeles interiores juntos y la cubierta en sentido contrario. A continuación, dobla la portada hacia atrás y sujeta todo el diario con abrazaderas o utiliza un peso (como unos cuantos libros pesados).

8

Déjalo un día y ahora puedes decorar la portada dibujando o pintando «Diario de Luna nueva» y añadiendo follaje mágico.

CUANDO LA LUNA NUEVA ESTÉ EN ARIES:

Aprovecha el estado de ánimo práctico y entusiasta para centrarte en ráfagas cortas de energía que generen olas, invita nueva energía fresca a tu casa o comienza un nuevo proyecto.

CUANDO LA LUNA NUEVA ESTÉ EN CÁNCER:

Es hora de nutrirte a un nivel más profundo; cuando te permitas ser vulnerable, en realidad te volverás más segura de ti misma y te aceptarás mejor. Riega bien las semillas de tu jardín (y las de tus sueños). Nutre, nutre, nutre.

CUANDO LA LUNA NUEVA ESTÉ EN LEO:

Utiliza tu gran y hermoso corazón para impulsar energía amorosa y valiente hacia el éter. Reconoce tus maravillosas cualidades y talentos, y canaliza energía y luz amorosa hacia los proyectos que tienes en mente.

CUANDO LA LUNA NUEVA ESTÉ EN LIBRA:

Tu estado de ánimo puede cambiar hacia el ámbito de las relaciones. El elevado sentido de la belleza, el equilibrio y la estética desempeña un papel en cómo darás forma a tus objetivos de Luna nueva.

CUANDO LA LUNA NUEVA ESTÉ EN CAPRICORNIO:

Asume responsabilidades y sé la líder de tu propia vida. Los rituales y los ritmos te ayudarán a fortalecer tu mentalidad. Aprovecha la determinación y ambición de Carpicornio para centrarte en los objetivos que deseas alcanzar.

CUANDO LA LUNA NUEVA ESTÉ EN ACUARIO:

Céntrate en la colaboración, la comunicación y la experimentación de nuevas ideas o soluciones. Tu energía tiene la capacidad de influir positivamente en quienes te rodean. Adoptar un enfoque filosófico de la vida te ayudará a superar cualquier desafío.

CUANDO LA LUNA NUEVA ESTÉ EN TAURO:

Céntrate y conecta con la Tierra, deja ir cualquier terquedad o ego que te esté frenando en ciertos proyectos. Relájate. La energía de Tauro está llena de ingenio, así que aprovéchalo para planificar el próximo ciclo lunar. Plantar semillas físicas bajo esta Luna nueva es extraordinariamente poderoso.

CUANDO LA LUNA NUEVA ESTÉ EN GÉMINIS:

Es el momento de armonizar el crecimiento y restringirlo, como un jardinero que busca la mejor forma de podar y cuidar sus plantas. Es tu momento para reunir ideas, investigar, tender la mano y comunicarte de forma divertida y afable.

CUANDO LA LUNA NUEVA ESTÉ EN VIRGO:

Tu estado de ánimo puede incitarte a fijarte en tareas más prácticas y analíticas. Aprovecha la Luna nueva para organizar, ordenar, delegar y honrar tu cuerpo y tu hogar. La planificación y la fijación de objetivos serán potentes durante este tiempo.

CUANDO LA LUNA NUEVA ESTÉ EN ESCORPIO:

Aléjate del ruido y las trivialidades de los chismes y ve hacia tu interior. Sumérgete en los reinos metafísico y místico pasando momentos tranquilos a solas y en la naturaleza. Haz una limpieza de redes sociales, reduce tu lista de tareas pendientes y aprovecha este tiempo para fomentar el crecimiento de nuevas ideas.

CUANDO LA LUNA NUEVA ESTÉ EN SAGITARIO:

Aprovecha la influencia optimista y amante de la naturaleza para salir y estar con ella. Da espacio a tus ideas para que crezcan y crea un hermoso espacio para meditar o relajarte. Renuévate a ti misma. Alimenta tus ansias de viajar.

CUANDO LA LUNA NUEVA ESTÉ EN PISCIS:

La Luna llena es poderosa en Piscis; la Luna nueva es más sutil y menos sensible, pero aun así es una oportunidad para intimar más con tus deseos. Tu imaginación y sensibilidad te ayudarán a crear algunos objetivos auténticamente mágicos.

Almohada aromática para dormir bien

Cuando pienso en esta manualidad, siempre me viene a la mente mi abuela. Colgaba almohadas de lino en miniatura bordadas a mano y rellenas de lavanda en su armario para mantener su ropa fresca y ahuyentar las polillas, pero también tenía otras similares cerca de las camas de los invitados. Desde entonces, he hecho muchas para mí y para mis hijas, con la intención de que propicien un sueño reparador.

La lavanda es la planta aromática por excelencia para todo lo relacionado con la relajación y el sueño. Tiene propiedades antibacterianas y también es conocida por su efecto calmante. Es fácil de conseguir, pero también puedes cultivarla tú misma.

Para darle un toque secreto de magia, esta almohadita tendrá un hechizo infundido en su interior.

QUÉ NECESITARÁS:

* 2 cuadrados de tela natural de lino o algodón.

* Una aguja e hilo.

* Un trocito de papel.

* 2 cucharadas de lavanda seca (añade rosas u otras flores secas si lo deseas).

* Un pequeño cristal o piedra preciosa, asociada a la protección (obsidiana) o a la relajación (amatista).

* Relleno natural (lana de oveja, algodón/fibra de bambú) o retales de tela usados.

* 5 gotas de aceite esencial de lavanda (con una recarga cada pocas semanas).

PROCESO:

1

Para este proyecto no necesitas ser una experta en costura, es muy sencillo. Coloca los anversos de los dos cuadrados de tela juntos (uno frente al otro) y cose alrededor de los bordes, dejando un margen de costura de 5 mm. Asegúrate de dejar un hueco de 2,5 cm, para poder dar la vuelta al cojín.

2

Ahora, el hechizo. Los hechizos deben considerarse cuidadosamente, así que elige una intención para esta almohada. ¿Qué representa? ¿Cuál es su finalidad? ¿Qué energía quieres que contenga?

3

Con una pluma dorada, escribe un conjuro que infunda la idea de un sueño sano e ininterrumpido para la regeneración, la restauración y la curación. Tal vez quieras establecer la intención de que esta almohada te ayude a soñar de forma más lúcida y profunda. También podrías incluir un sigilo en el papel.

4

Cuando hayas escrito el conjuro, enróllalo y colócalo dentro de la almohada. Añade la lavanda seca, el cristal y el relleno, y luego cose el agujero.

5

Añade unas gotas de aceite esencial sobre la tela y métela debajo de la almohada.

Puedes hacer una almohada «esfuma preocupaciones»,
que es similar a una muñeca de las preocupaciones. También
puedes hacer distintas variaciones, utilizando
diferentes hechizos, colores, flores y aceites.

* Manzanilla para calmar la ansiedad
y el estrés.

* Menta para vigorizar.

* Bergamota para relajarte antes de dormir
(puede usarse en un difusor).

* Geranio para el equilibrio y la calma interior.

* Jazmín para mejorar el estado de ánimo
y relajar.

* Milenrama para el amor
y aliviar el estrés.

RITUALES LUNARES

★ ✦ ★ ✦ ★

A lo largo de los años, he ido profundizando en mi conexión con la Luna y los rituales que utilizo para mejorar mi viaje espiritual. Los rituales son un momento sagrado para que te centres en una intención y conectes con la energía femenina divina de la Luna.

Los rituales también te capacitan para avanzar en tus proyectos, obtener percepciones espirituales y liberarte de pensamientos negativos.

Hay ocho fases principales que representan todo el ciclo lunar y cada una tiene su propia energía y finalidad únicas. Los humanos han utilizado la Luna para cronometrar las actividades agrícolas y domésticas durante siglos. La Luna es básicamente un temporizador y cada Luna llena tiene un nombre asociado a la aparición estacional de flores o animales.

He creado ocho rituales para representar cada fase lunar. No es necesario hacer todos y cada uno de ellos en un ciclo lunar; confía en la sincronización de las cosas y elige un ritual que se alinee con la Luna y tus actividades.

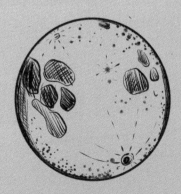

ℒUNA 𝒩UEVA

 ### RITUAL DE INTENCIÓN SAGRADA

Purifícate y limpia el espacio con salvia humeante. Enciende una vela negra bajo la Luna nueva. Ahora estás invitando a la energía de las nuevas ideas, los nuevos comienzos y el restablecimiento de la energía.

Mientras arde la vela, prepara una bebida oscura (preferiblemente té). Espera pacientemente a que se infusione, sírvela en una taza y visualiza la abundancia y las nuevas ideas entrando en tu vida.

Remueve en el sentido contrario a las agujas del reloj para seguir avanzando con protección.

Escribe las intenciones y los planes en trozos de papel separados y colócalos en un frasco con un cristal de cuarzo.

Según la estación, ahora es el momento perfecto
para plantar un bulbo o semillas.

MEDIA LUNA CRECIENTE

 RITUAL DEL AGUA DE LUNA

Cuando la Luna revela su primer creciente plateado como Luna joven, es el momento perfecto para empezar a hacer agua de Luna.

Llena el tarro hasta un cuarto de su capacidad y coloca dentro un cristal de cuarzo. Asegura la tapa. Mantenlo en tus manos durante un rato e invoca a la Luna para que infunda poder, abundancia y protección al agua. Colócala sobre un espejo para aumentar su poder mágico.

Sácalo cada noche y rellénalo conforme vaya creciendo la Luna. Después de la Luna llena, recoge el tarro y añádelo a un pulverizador para las plantas y para bendecir tu casa o ungir tu cuerpo.

MEDIA LUNA CRECIENTE

 ### RITUAL DE LA DONCELLA DE LA LUNA

Potencia el amor, la juventud y la conexión con la diosa Doncella de la Luna. Enciende una vela rosa y utiliza cuarzo rosa.

Coge un plato plateado o transparente y llénalo de agua. Remueve con una punta de cuarzo para activar el agua. Añade ahora una gota de aceite esencial de rosa o lavanda. También puedes colocar una flor pequeña en el plato.

Coloca el plato en el exterior o en el alféizar de una ventana y concéntrate en la vibración del amor. Pide a la diosa Doncella que te traiga salud, belleza interior y juventud duraderas.

GIBOSA CRECIENTE

RITUAL DEL VALOR UTILIZANDO EL ELEMENTO FUEGO

Si buscas valor en este momento, crea un sencillo ritual de fuego para invocar la pasión, la valentía y la inspiración.

Reúne una variedad de especias, como anís estrellado, canela y escamas de guindilla.

Prepara un té vigorizante (chai o similar). Siéntate tranquilamente con tu té, sujeta tu cristal entre las manos y piensa en qué aspectos de tu vida necesitas más fuerza.

Escríbelo en un papel y dóblalo tres veces. Coloca tu cristal encima del papel hasta que te hayas terminado el té.

Sujétalo una vez más, antes de soltarlo y quemarlo en tu plato refractario. Añádele una pizca de especias y enciende una vela.

Invoca a santa Brígida, la diosa de la metalistería, la partería, la poesía y la creatividad, para que bendiga tu hogar y te infunda valor.

LUNA LLENA

 ## RITUAL DE MANIFESTACIÓN MÁGICA

Invoca los cinco elementos sagrados: Tierra (norte), Aire (este), Fuego (sur), Agua (oeste) y Espíritu (centro) en tu ritual de Luna llena. Enciende cinco velas.

Escribe tus deseos para el futuro y actúa como si ya se hubieran cumplido. Agradece a la diosa de la Luna su poderosa energía y que bendiga los proyectos futuros.

Empápate de la magia y aumenta la belleza y las percepciones emocionales añadiendo agua de Luna a tu baño. Añade pétalos de rosa, aceite esencial de rosa/lavanda y sales de Epsom.

Haz una tarta de Luna llena para celebrar tus éxitos y la abundancia, bebe vino y ¡a disfrutar!

GIBOSA
MENGUANTE

 RITUAL SAGRADO DE LIBERACIÓN

Durante la Luna llena y al menguar la Luna, es el momento ideal para reflexionar sobre las lecciones aprendidas y liberarte de las ideas preconcebidas y las limitaciones que te has impuesto a ti misma o que tienen los demás.

Para sanar, primero debes purificar.

Identifica lo que deseas liberar en un trozo de papel y dóblalo tres veces.

En un plato refractario, pon un puñadito de sales de Epsom y echa una ramita de romero para protegerte. Cuando eches el papel y lo enciendas, visualiza que te quitas un peso de encima y que tus preocupaciones se evaporan con el humo.

Repite la operación si es necesario. Pon música, haz que sea especial y prepara un té relajante para dormir bien.

MEDIA LUNA MENGUANTE

 RITUAL DEL AMANTE DE LA LUNA

Esta parte del ciclo lunar señala el inicio del tiempo de autocuidado, así que un ritual de amor es ideal.

Crea un mandala de naturaleza con el cristal en el centro. Añade círculos de pétalos y otros objetos que desprendan amor. Escribe una nota de amor para ti o para otra persona. Puedes escribir con un bolígrafo rosa.

Coloca el agua de Luna en tu altar y unge tu nota con una pizca, luego colócala debajo de tu cristal. Coloca en tu mano derecha un cuarzo rosa y en la izquierda un cuarzo transparente. Ahora céntrate en la vibración del amor y en enviar tu amor al universo y a todos los seres vivos.

Agradece a la diosa de la Luna su guía emocional.

Déjalo sobre tu altar durante tres días.

CUARTO MENGUANTE

 RITUAL DE AUTORREFLEXIÓN

Prepara tu baño con cristales e incienso relajante de lavanda y sándalo. Añade un pequeño espejo y una vela sobre una repisa segura donde puedas verla. Enciende una vela que se refleje en el espejo.

El agua representa la Luna y el reflejo del espejo. Ahora estás trabajando con la magia de la Luna y el agua. Añade unas gotas de aceite esencial de lavanda a tu baño con el agua de Luna restante.

Con un cristal de cuarzo en la mano, accede a tus recuerdos de este ciclo lunar; ¿qué has aprendido? ¿Cómo influirá tu sabiduría en tu forma de proceder? Durante este ritual suelen surgir nuevas ideas y proyectos. Escríbelos y guárdalos para la Luna nueva.

Agradecimientos

AGRADECIMIENTOS ESPECIALES

A mis hijas, que adoran mis maneras de bruja
y me apoyan e inspiran cada día.

A mi mejor amiga Rosaleen, por el té semanal y
las charlas mágicas que llenan mi pozo creativo.

A quienes apoyan mi trabajo desde hace tiempo
y a los nuevos.

Descubre más sobre mi trabajo en www.themoonjournal.com

Acerca de la autora

Jo nació en el Reino Unido, pero actualmente vive en una granja del centro de Portugal con su familia y sus animales. Se inspira en el paisaje salvaje y en la Luna, tan clara por la noche.

Además de crear libros de ejercicios digitales e imprimibles estacionales, Jo ofrece orientación semanal sobre la Luna, páginas para colorear, contenido entre bastidores, así como meditaciones mensuales sobre la Luna para sus mecenas, llamadas «Wild Moon Mail» (Correo de la Luna Salvaje).

Descubre más aquí: www.patreon.com/wildmoonmail

Si este libro le ha interesado y desea que le mantengamos informado de nuestras publicaciones,
escríbanos indicándonos qué temas son de su interés (Astrología, Autoayuda, Psicología,
Artes Marciales, Naturismo, Espiritualidad, Tradición…) y gustosamente le complaceremos.

Puede consultar nuestro catálogo en www.edicionesobelisco.com

*Los editores no han comprobado la eficacia ni el resultado de las recetas, productos, fórmulas técnicas,
ejercicios o similares contenidos en este libro. Instan a los lectores a consultar al médico o especialista
de la salud ante cualquier duda que surja. No asumen, por lo tanto, responsabilidad alguna
en cuanto a su utilización ni realizan asesoramiento al respecto.*

Colección Esoterismo
EL HOGAR DE LA BRUJA
Jo Cauldrick

1.ª edición: septiembre de 2024

Título original: *The Witch's Home*
Texto e ilustraciones: *Jo Cauldrick*
Traducción: *Raquel Mosquera*
Corrección: *Elena Morilla*
Maquetación: *El Taller del Llibre, S. L.*

© 2023, Jo Cauldrick
Publicado originalmente por Hardie Grant Books,
sello editorial de Hardie Grant Publishing
(Reservados todos los derechos)
© 2024, Ediciones Obelisco, S. L.
www.edicionesobelisco.com
(Reservados los derechos para la lengua española)

Edita: Ediciones Obelisco, S. L.
Collita, 23-25. Pol. Ind. Molí de la Bastida
08191 Rubí - Barcelona - España
Tel. 93 309 85 25
E-mail: info@edicionesobelisco.com

ISBN: 978-84-1172-170-7
DL B 7481-2024

Printed in China